AF547857

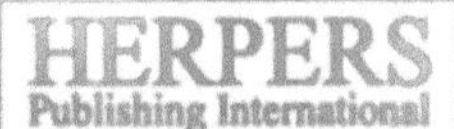
HERPERS
Publishing International

No part of this publication may be reproduced, stored in a retrieval system or transmitted in any form by any means without first seeking the written authority from the publisher. The purchase or possession of this book in any form deems acceptance of these conditions.

A CIP catalogue record for this book is available from the German Library.
(http://dnb.d-nb.de)

Bibliografische Information der Deutschen Nationalbibliothek
Die Deutsche Nationalbibliothek verzeichnet diese Publikation in der Deutschen Nationalbibliografie; detaillierte bibliografische Daten sind im Internet über http://dnb.d-nb.de abrufbar.

Dieses Werk ist urheberrechtlich geschützt.

Alle Rechte, auch die der Übersetzung, des Nachdruckes und der Vervielfältigung des Buches, oder Teilen daraus, vorbehalten. Kein Teil des Werkes darf ohne schriftliche Genehmigung des Verlages in irgendeiner Form (Fotokopie, Mikrofilm oder ein anderes Verfahren), auch nicht für Zwecke der Unterrichtsgestaltung, reproduziert oder unter Verwendung elektronischer Systeme verarbeitet, vervielfältigt oder verbreitet werden.

Copyright © 2016 Herpers Publishing International
www.herpersverlag.de
www.praxis-zeichnen.de

Alle Rechte vorbehalten.

ISBN: 978-3-946268-01-7

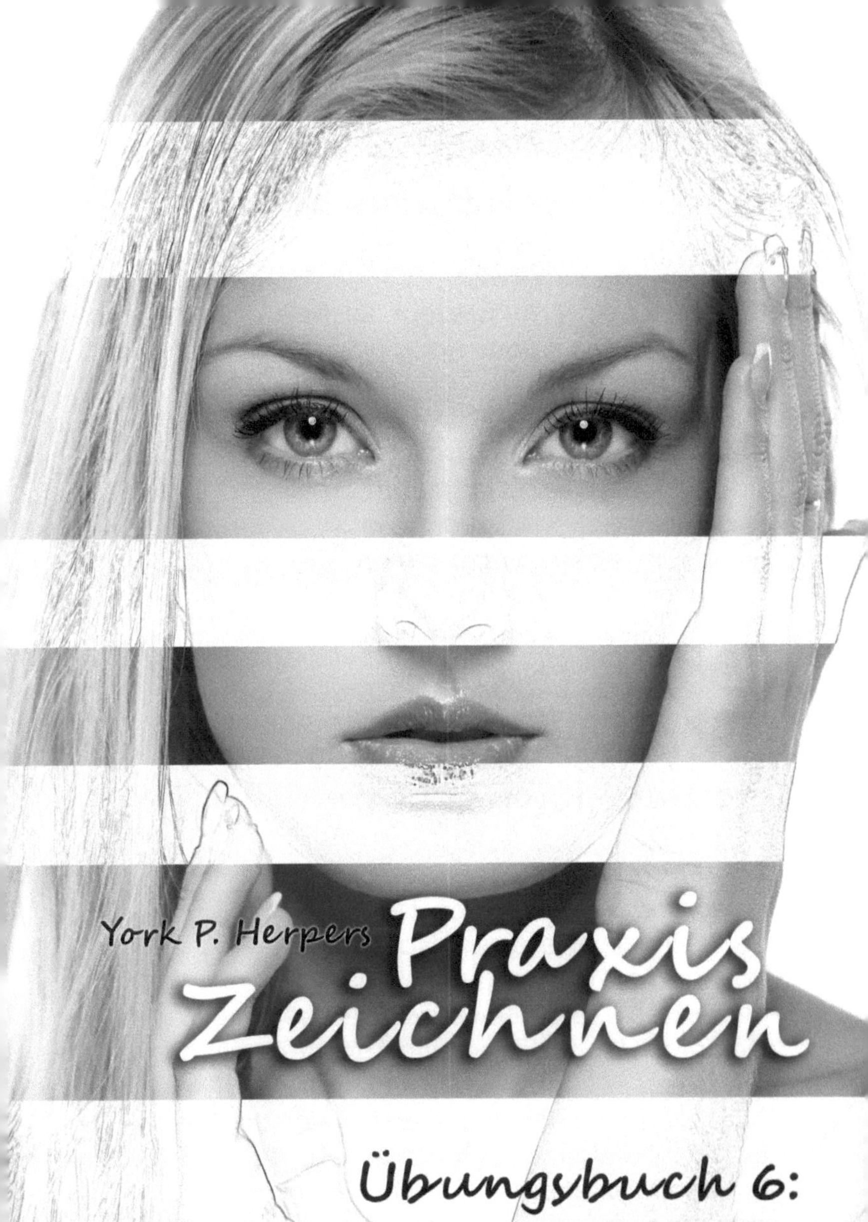

York P. Herpers

Praxis Zeichnen

Übungsbuch 6: Portrait

HERPERS
Publishing International

Freihändiges Zeichnen – leicht gemacht!

Auch in einer digitalen Welt ist die freihändige Skizzierung ein ***Erfolgsrezept*** für beeindruckende Kunstwerke. Die ***eigene Hand*** macht einen Künstler ***einzigartig***.

Viele Menschen kennen ihre zeichnerischen Fähigkeiten gar nicht. Dabei machen selbst ***ungeübte*** Strichführungen eindrucksvolle Bilder. Die eigene ***Unperfektion*** macht Ihre Bilder zu Kunstwerken.

Dieses Übungsbuch macht Sie zum Künstler

Das ***Abpausen*** ist eine simple und ***bewährte Methode***, das freihändige Zeichnen zu erlernen. Nach Ihren Übungen mit diesem Buch werden Ihnen Skizzen auch ohne Vorlage gelingen, weil Sie ein ***Gefühl für Proportionen und Konturen*** entwickeln.

Es entstehen ***schon beim ersten Versuch beeindruckende eigene Zeichnungen***.

Es sind ***Originale***, die Sie auch mit Ihrem Namen ***signieren*** können. Es ist Ihre Hand, die das sehenswerte Kunstwerk geschaffen hat.

Die ***schönen Motive*** machen jeden Zeichenstrich zur puren Freude.

Nutzen Sie jede freie Fläche, um Ihrer Kreativität freien Lauf zu lassen.

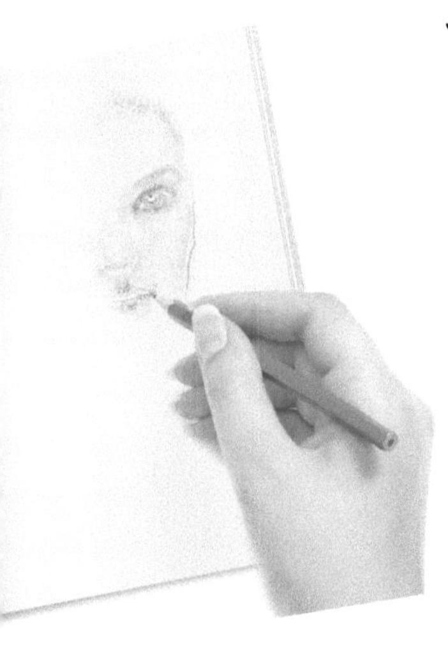

Je nach ***Stiftstärke*** entstehen andere Ergebnisse. Mit einem gespitzten Bleistift erzielen Sie die höchste Detailtreue.
Mit ***Wachsmalstiften*** können Sie Ihre Zeichnung kolorieren oder nur Farbeffekte setzen.
Mit ***Kohlestiften*** entstehen grobe Zeichnungen, die schwierigere Details zu Umrissen werden lassen, aber genauso kunstvoll wirken.

Sie finden ***jedes Motiv zwei Mal als Originalvorlage:*** Einmal zur Probe und das zweite Mal zur verbesserten Umsetzung.
Nutzen Sie die ***Rückseite*** der Skizzenvorlage, um an der spiegelverkehrten Ansicht Ihre ***Linienführung*** oder ***Schattierungen*** zu üben.

Das Taschenbuchformat ist handlich und leicht. Das Übungsbuch begleitet Sie, wohin Sie wollen: Sie können jederzeit los legen.

Dieses Buch macht einfach nur Spaß!

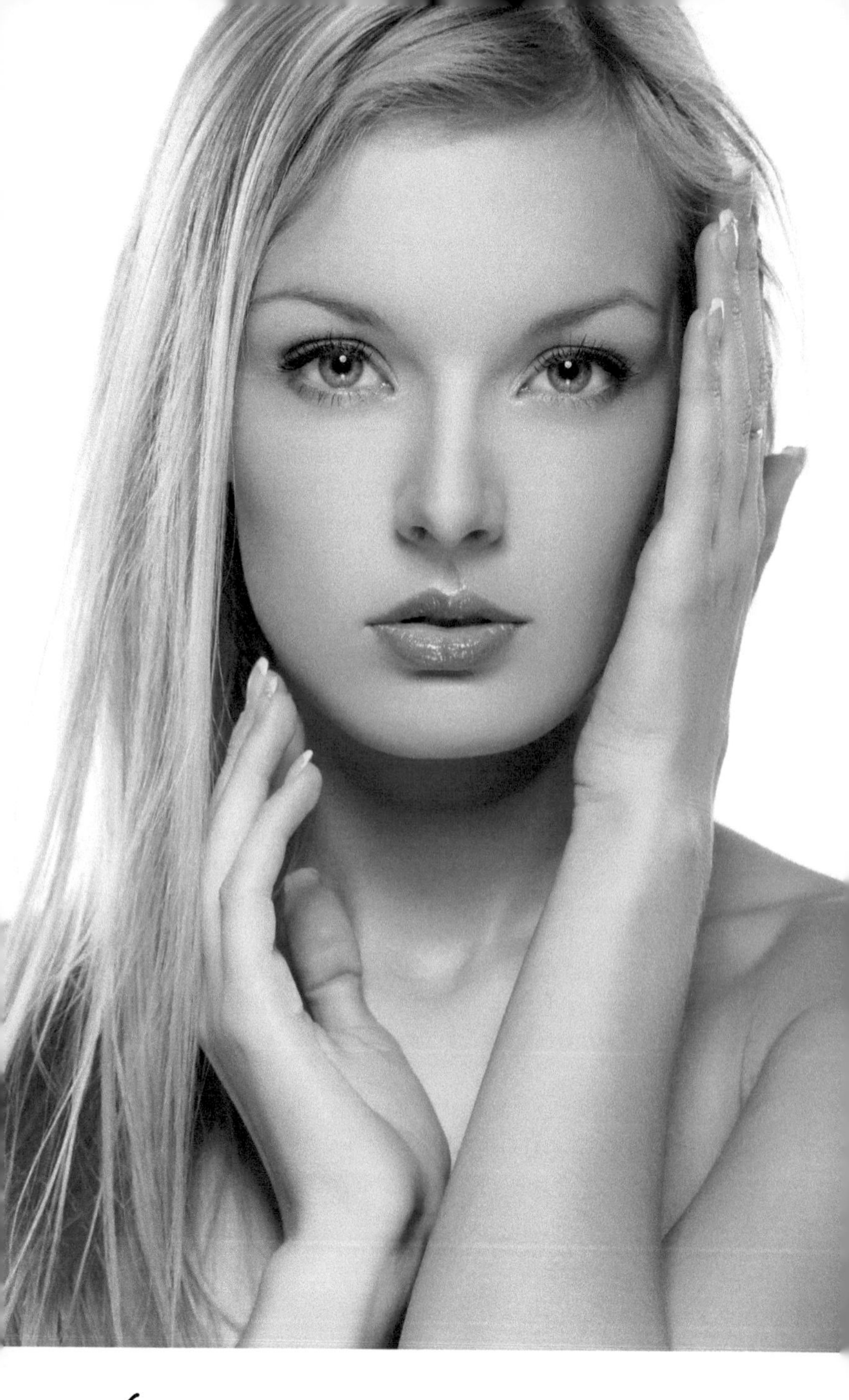

6 Praxis Zeichnen 6: Portrait

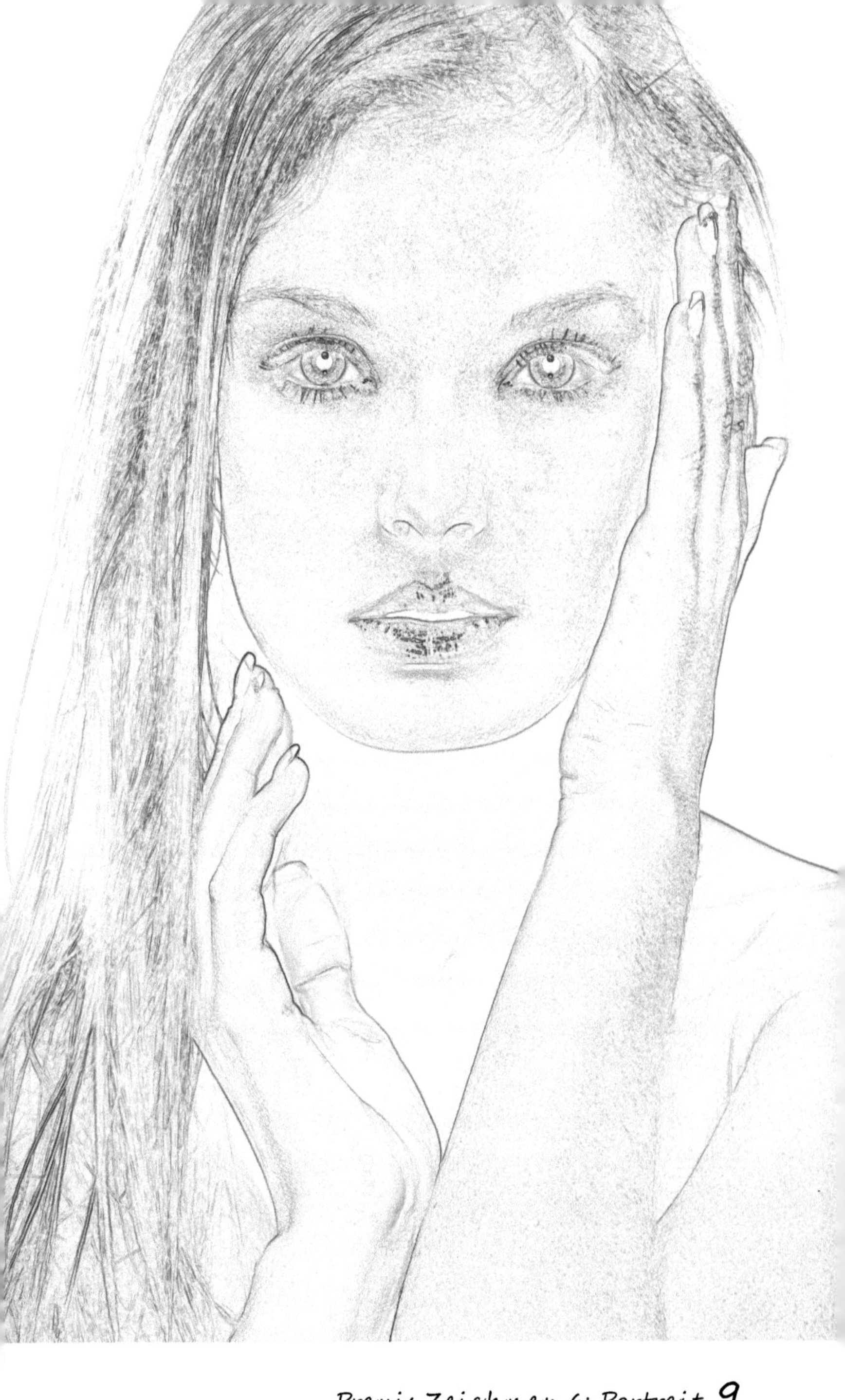

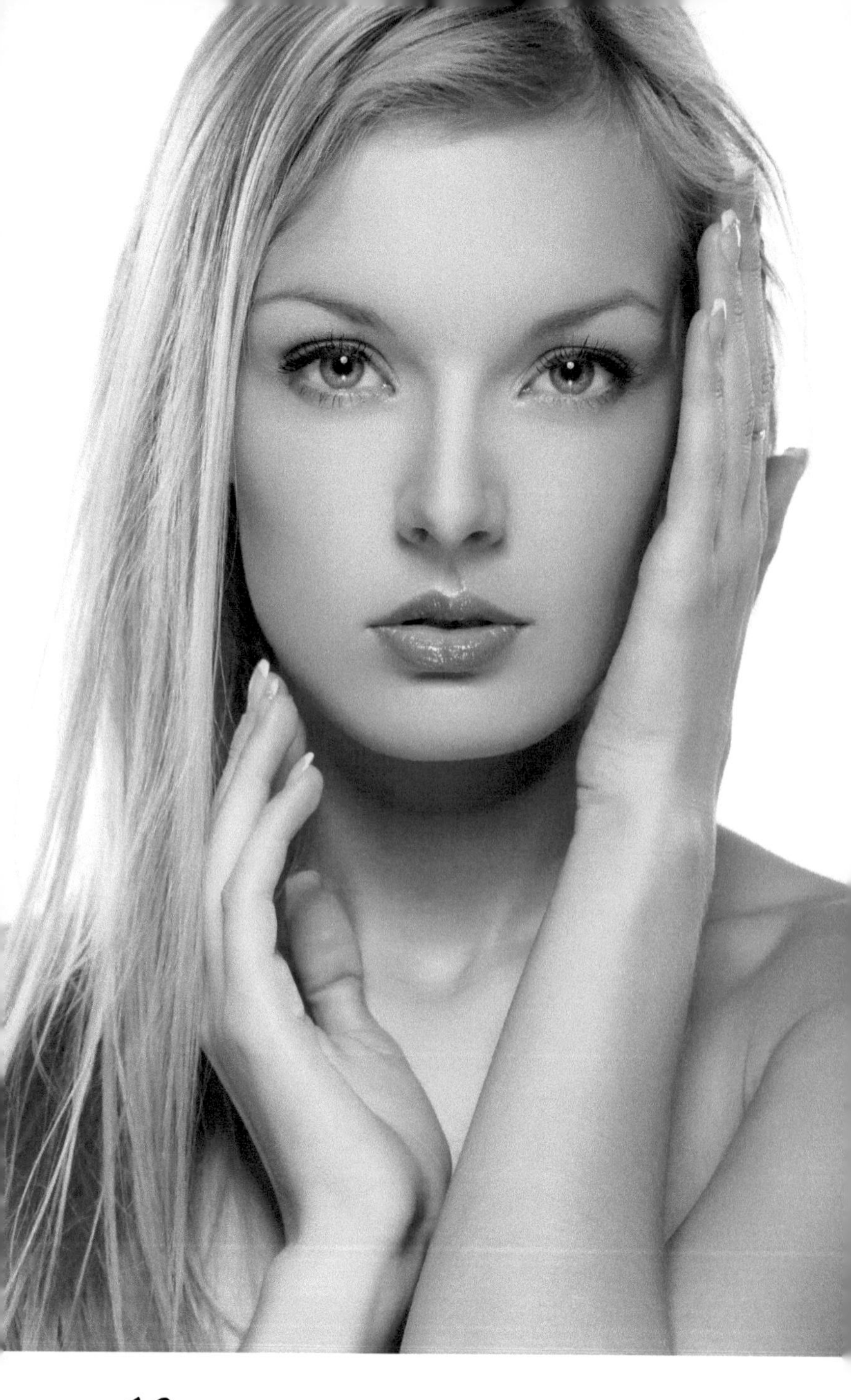

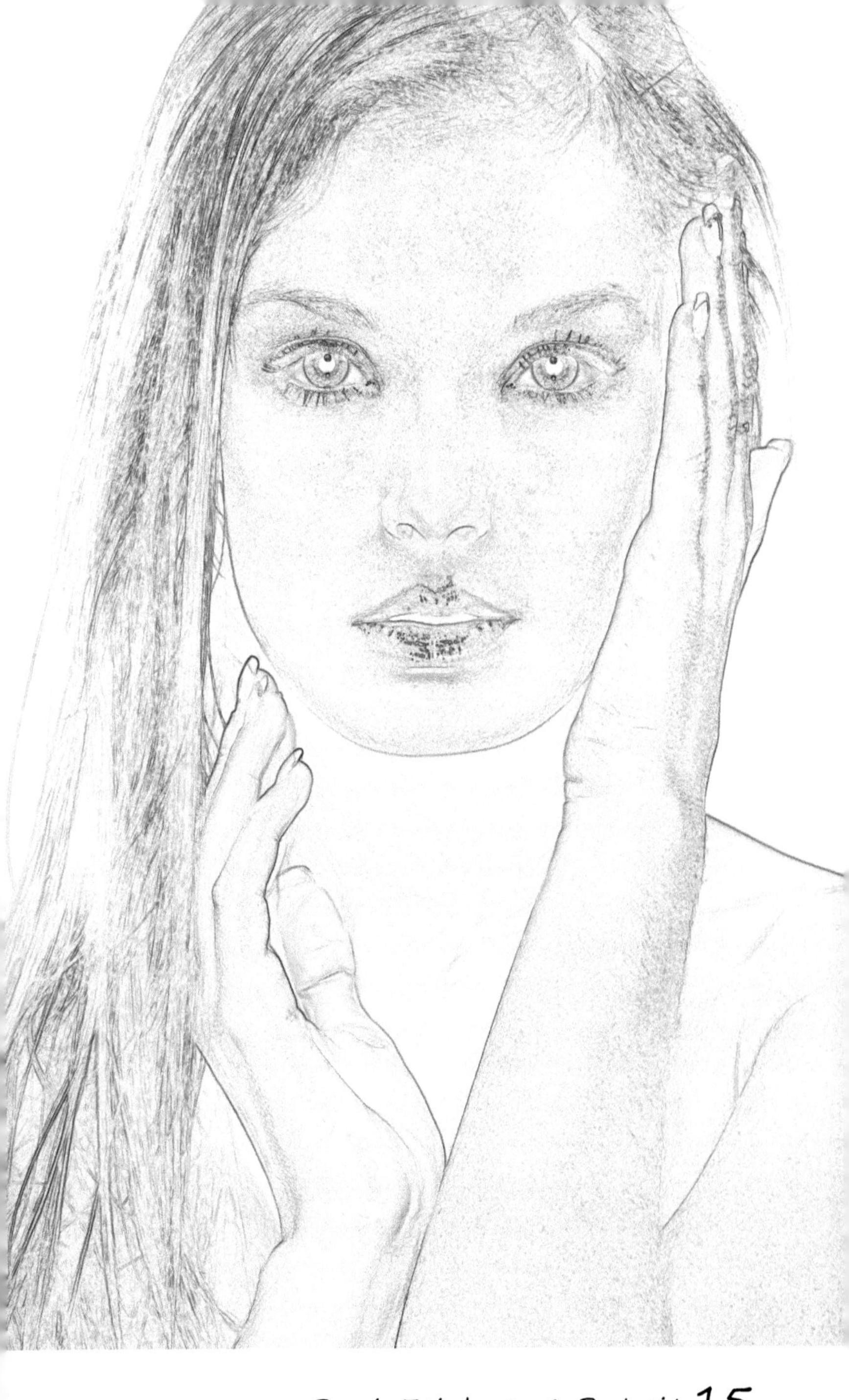

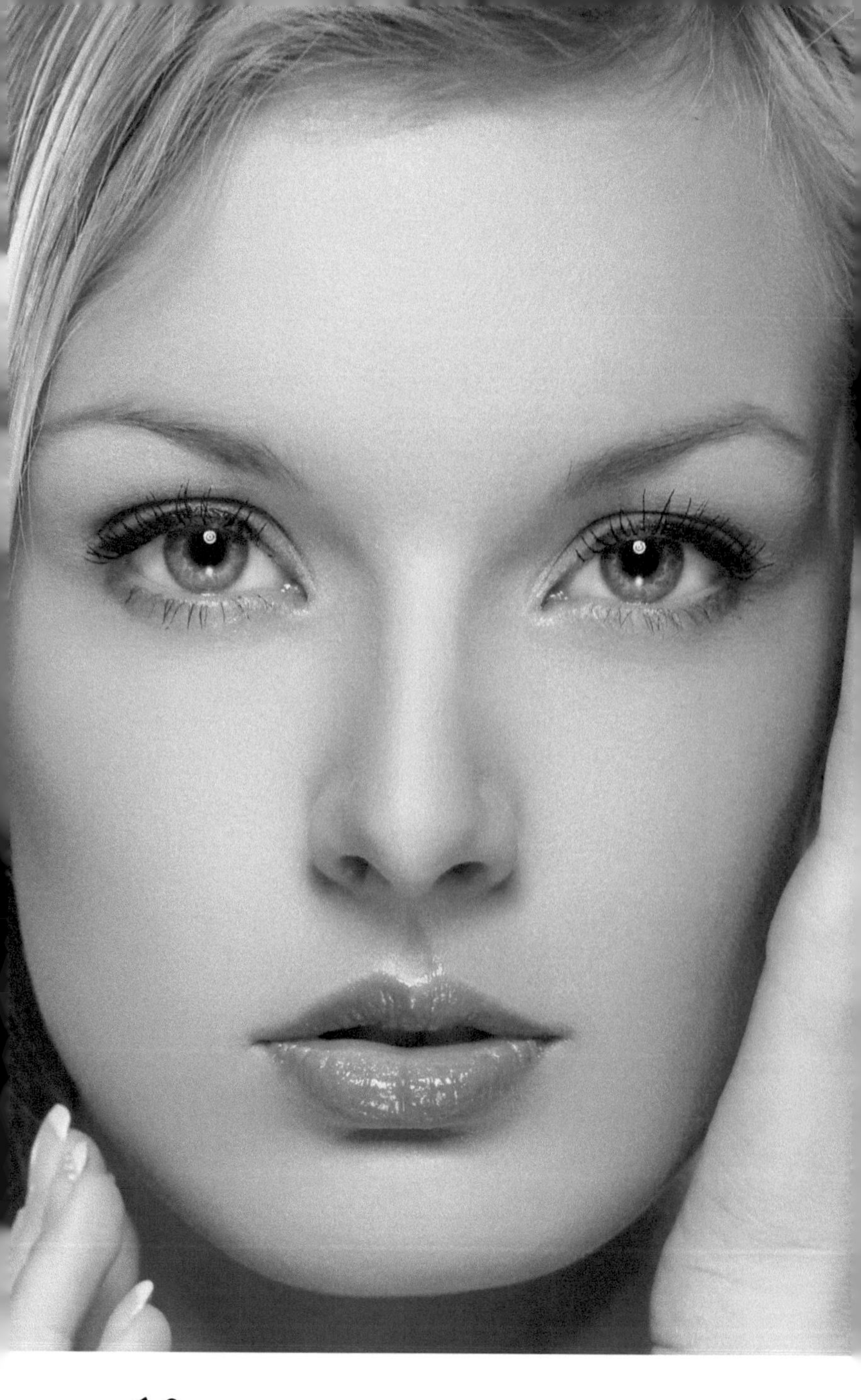

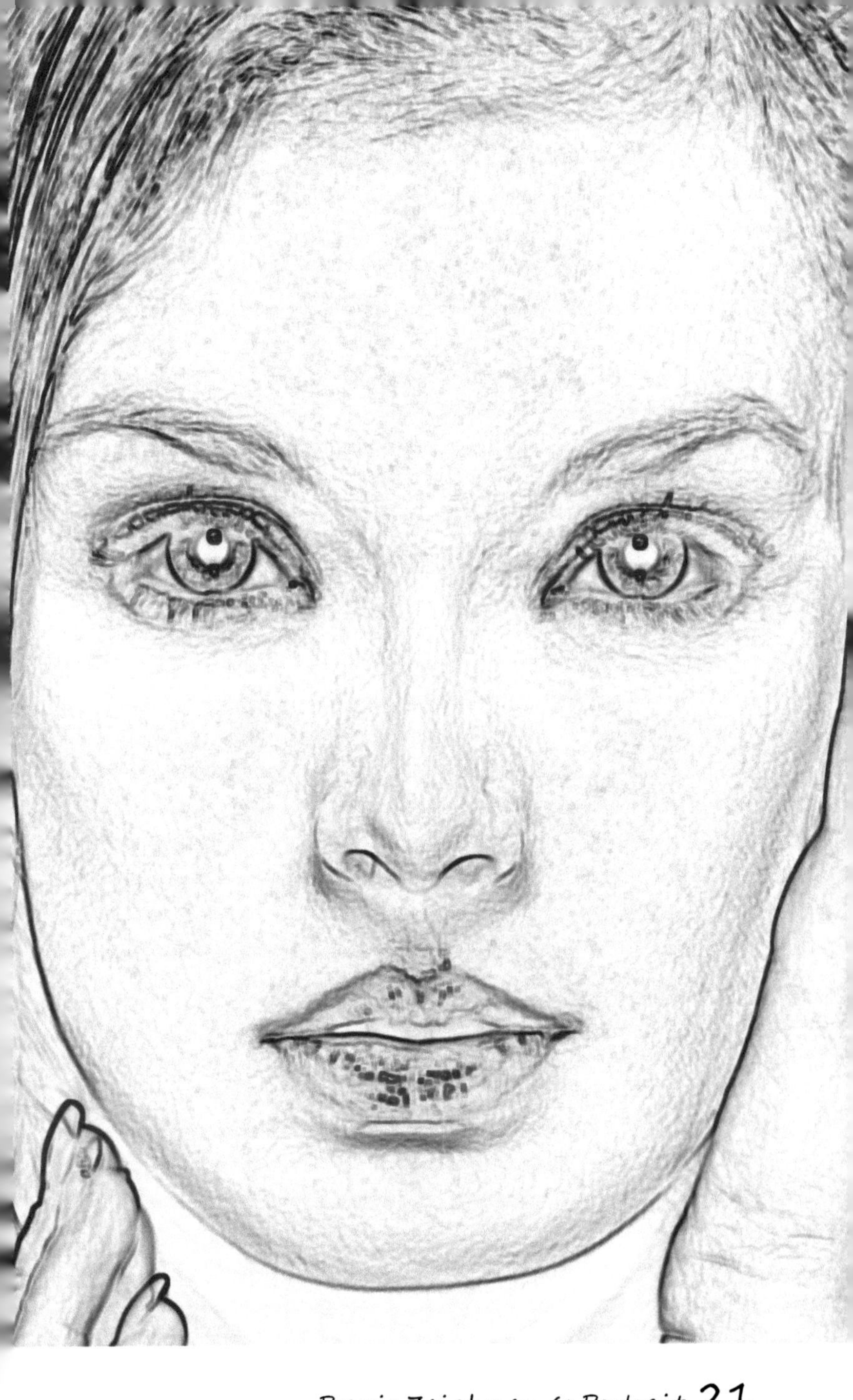

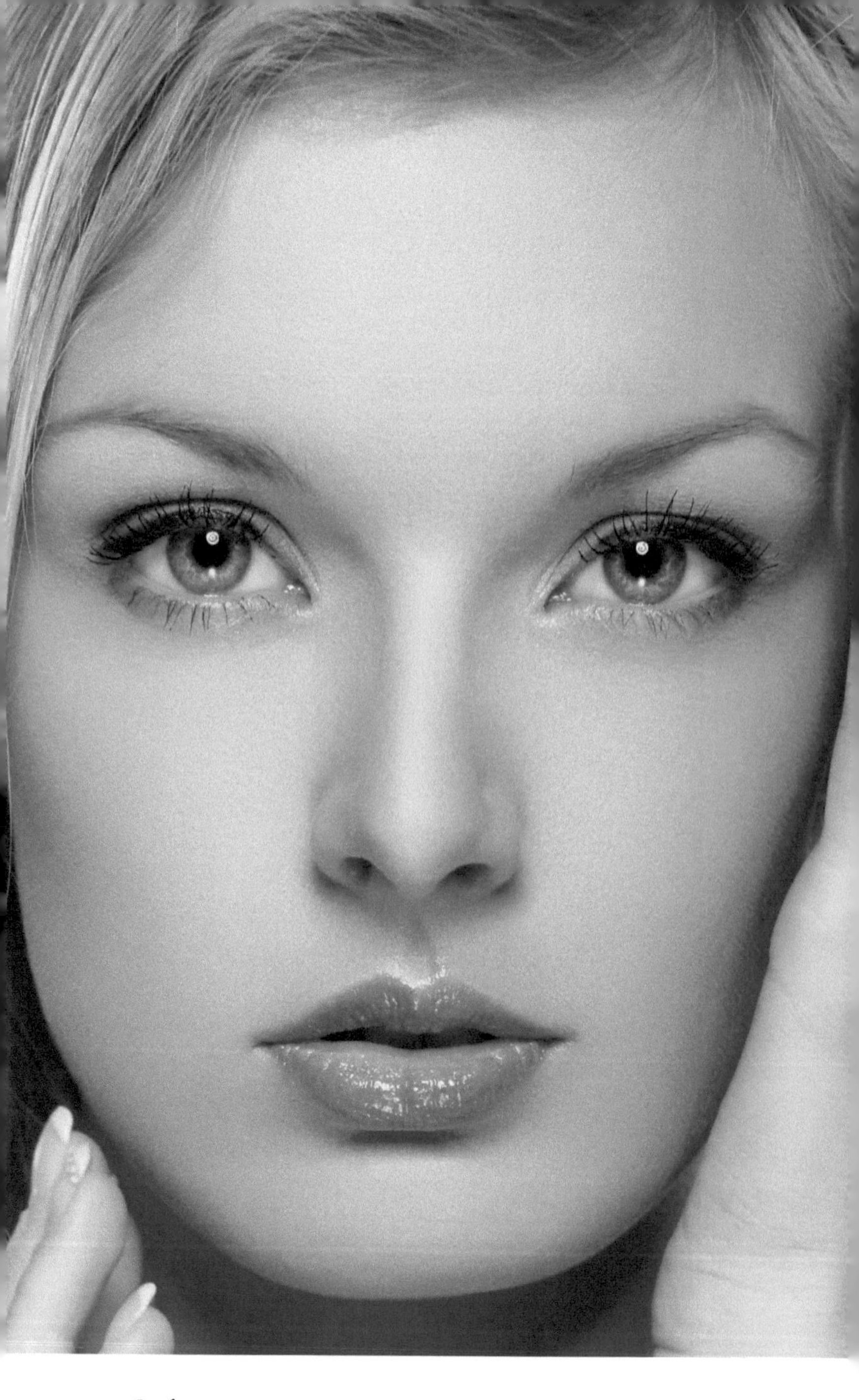

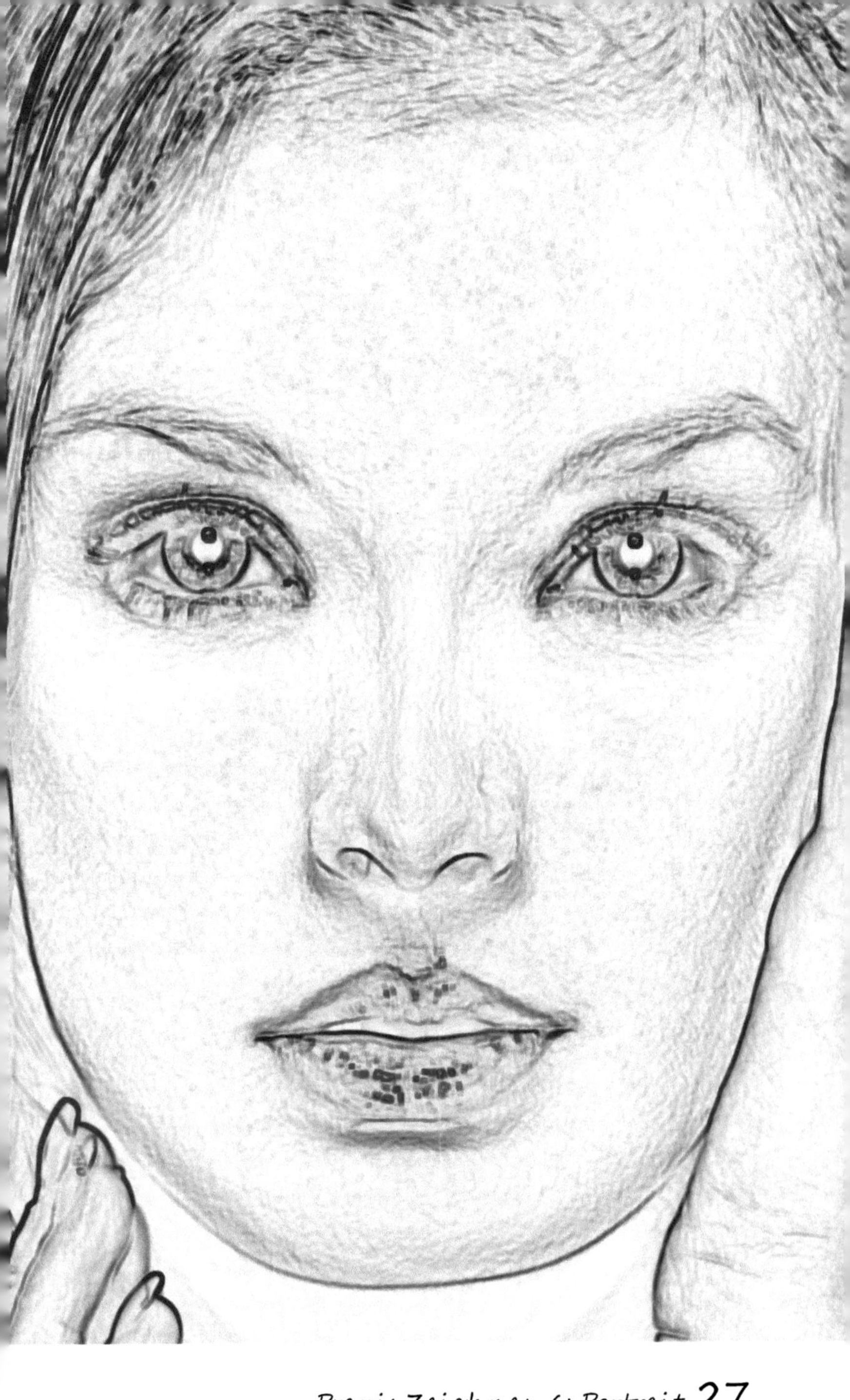

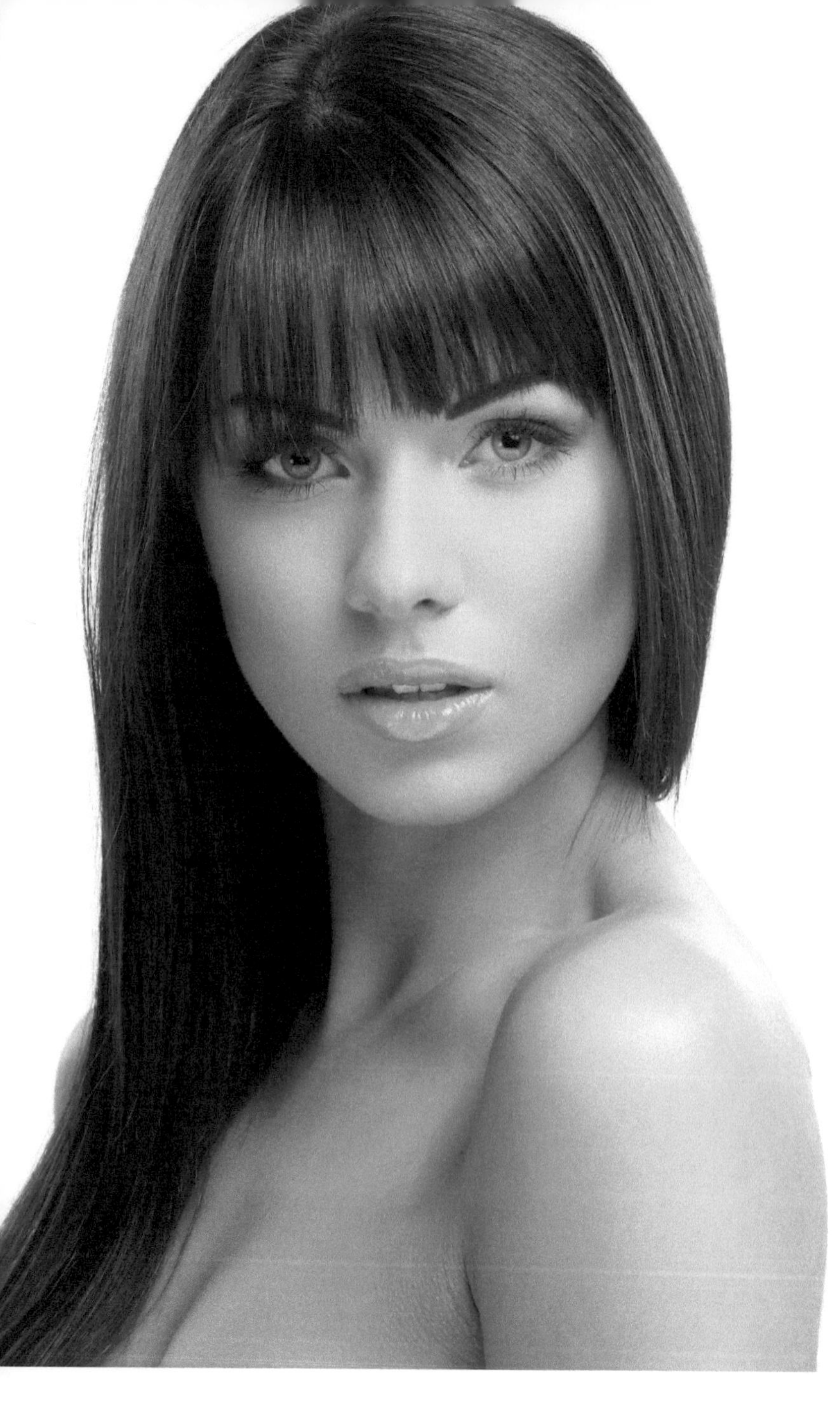

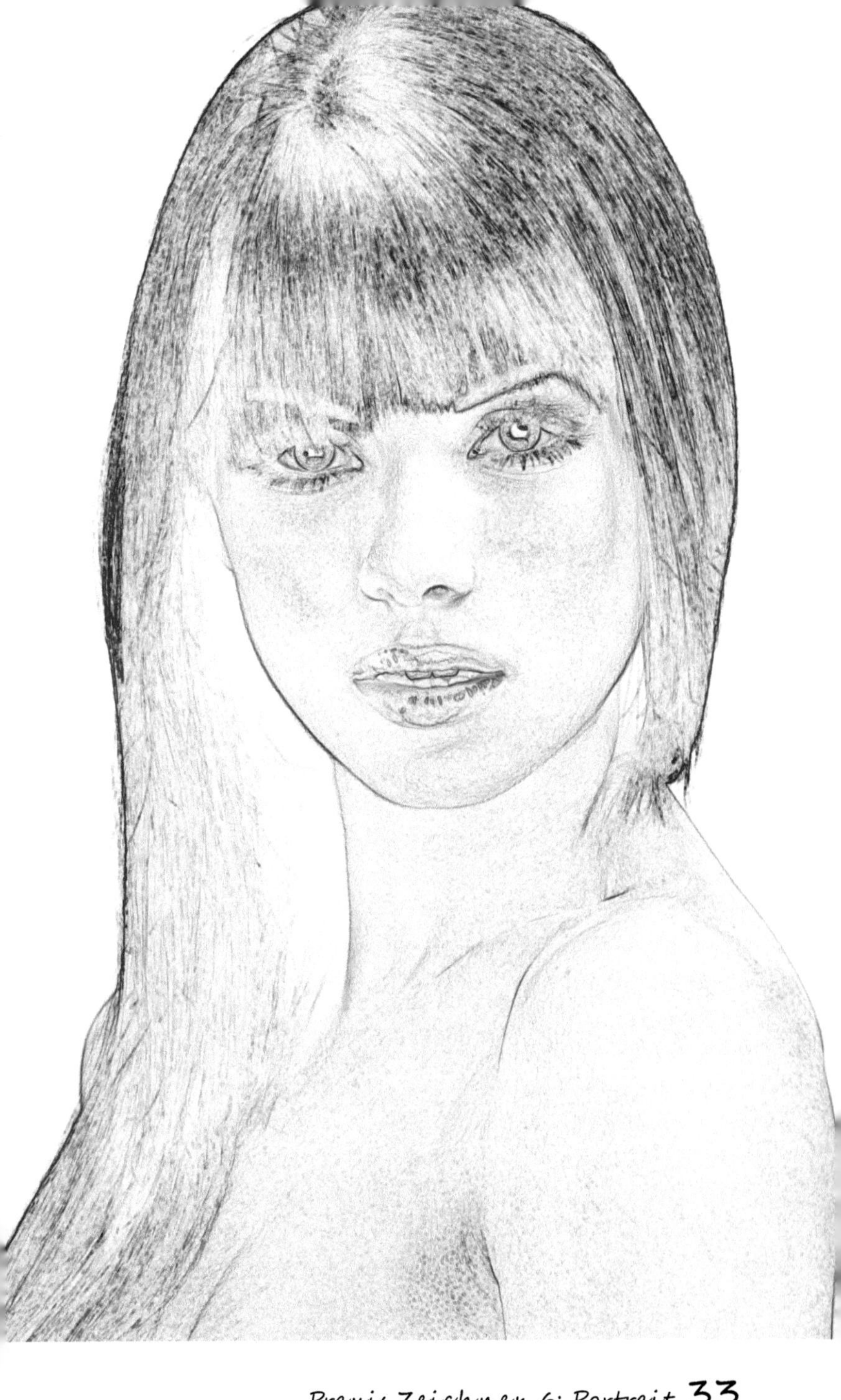

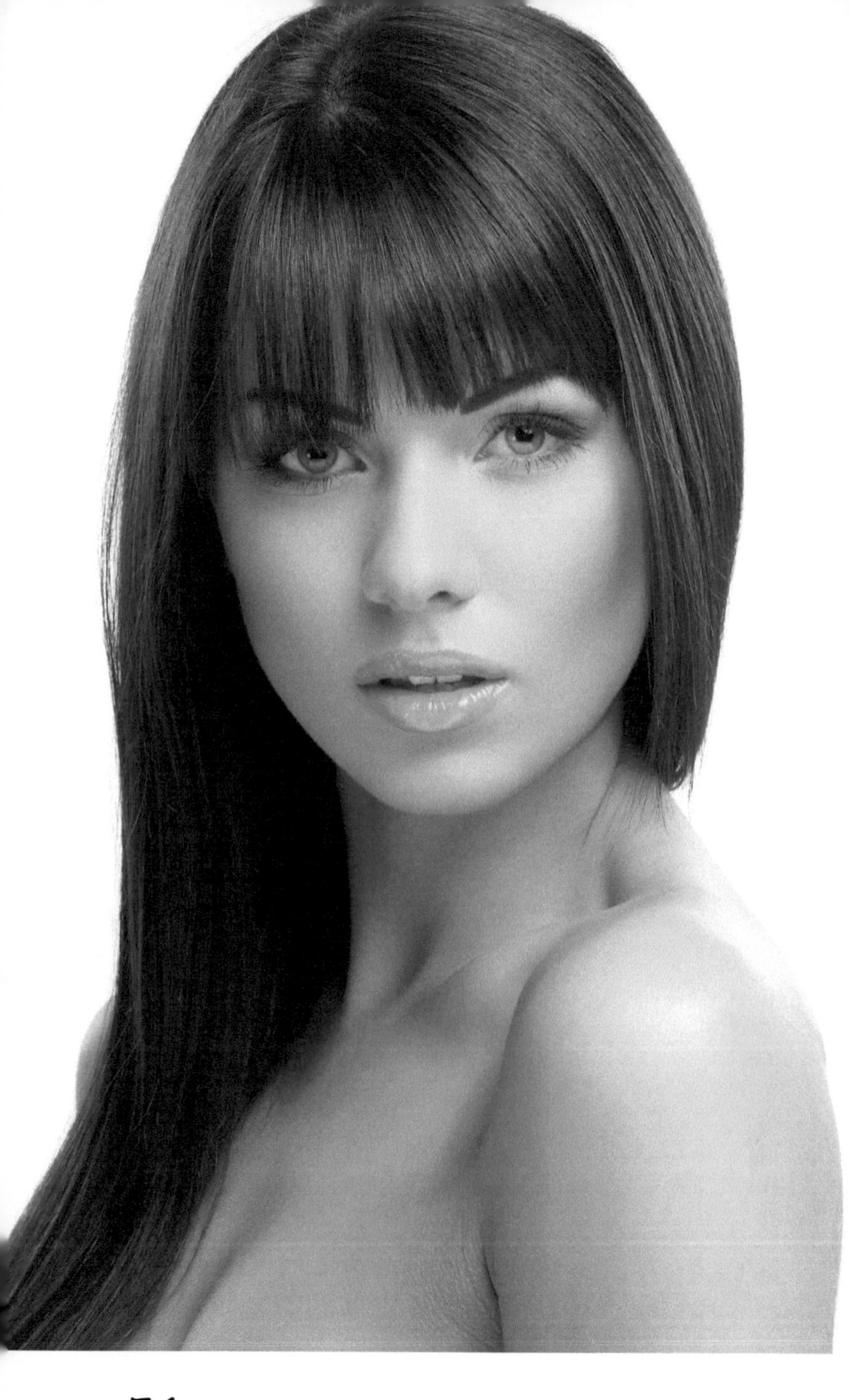

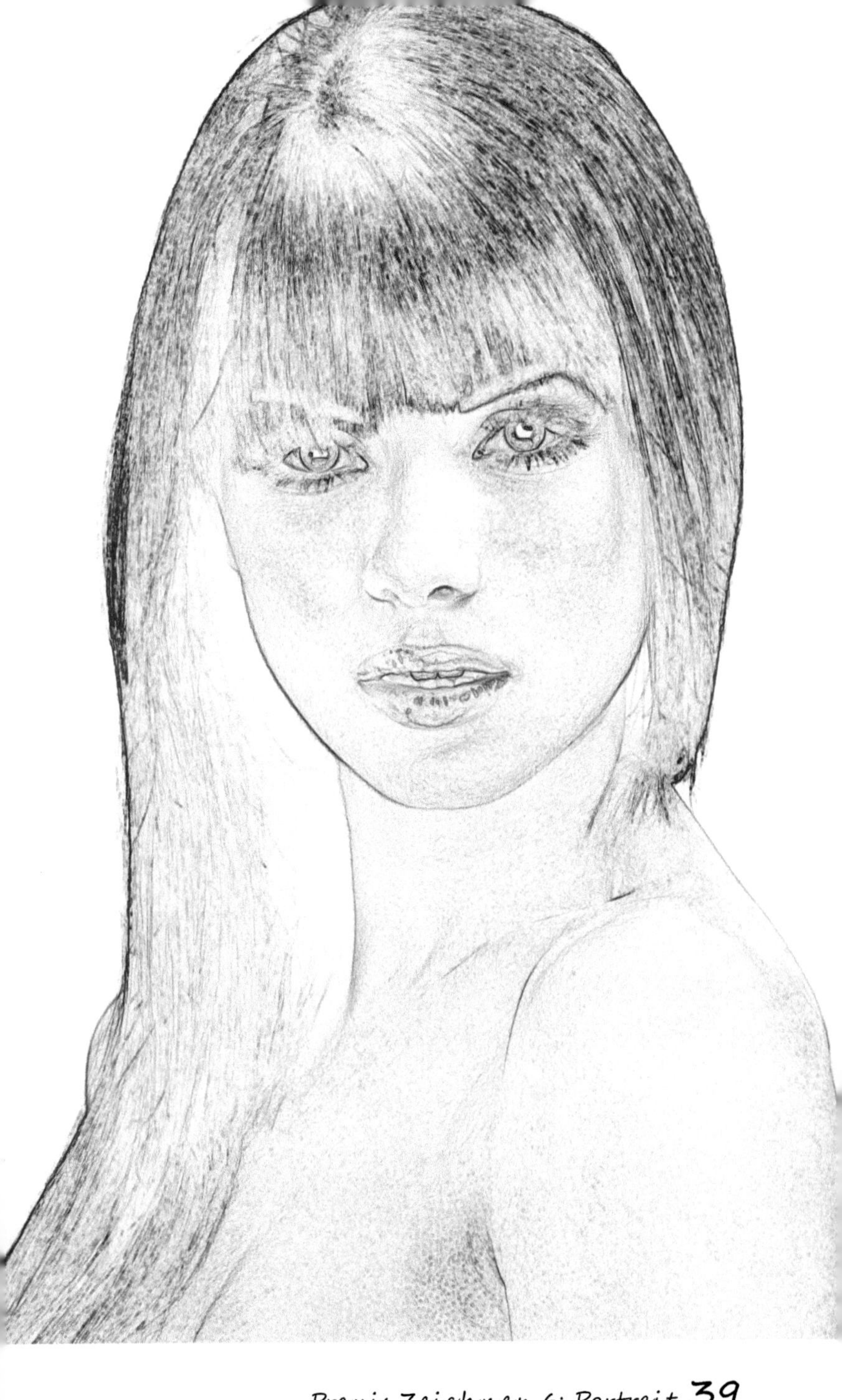

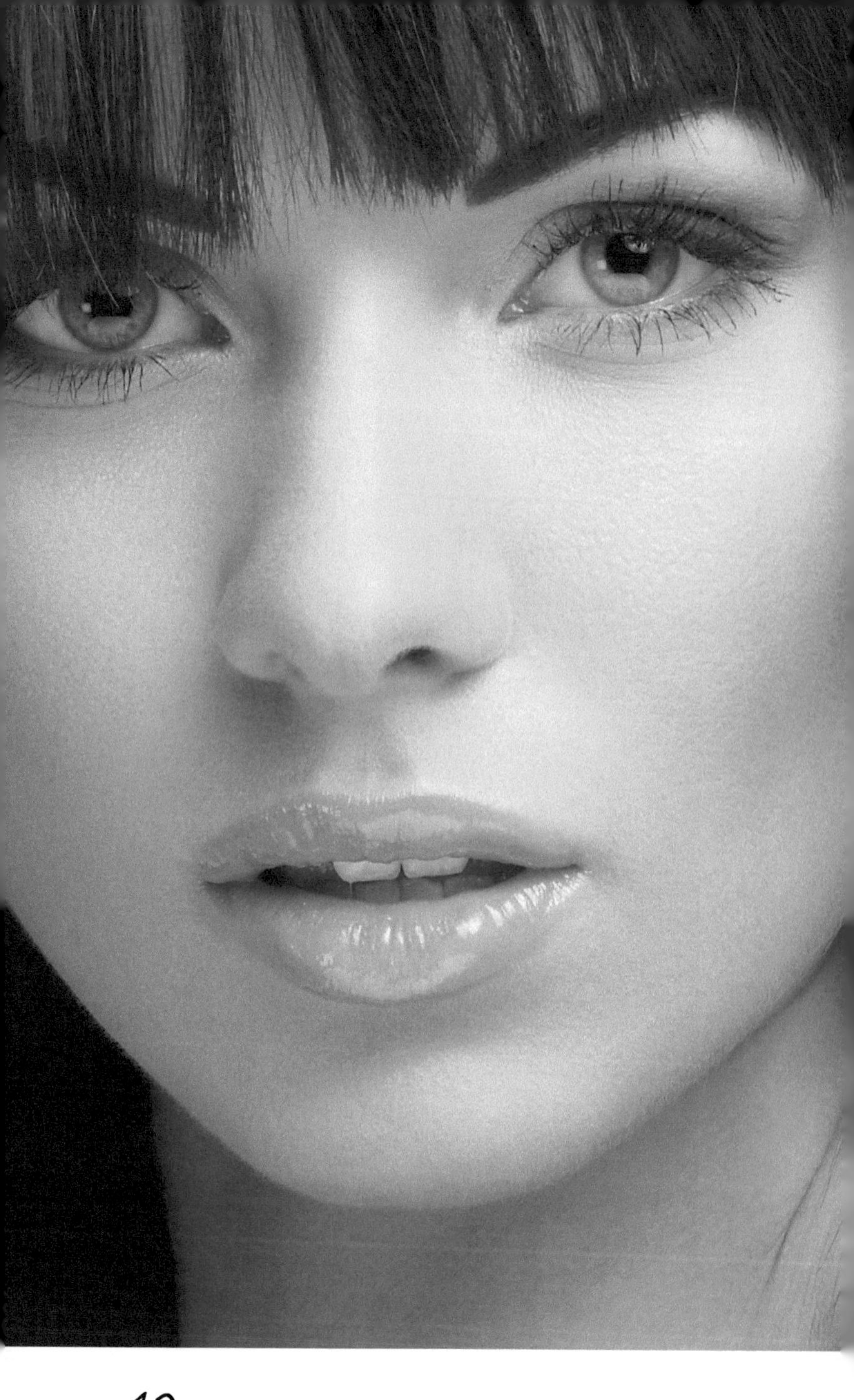

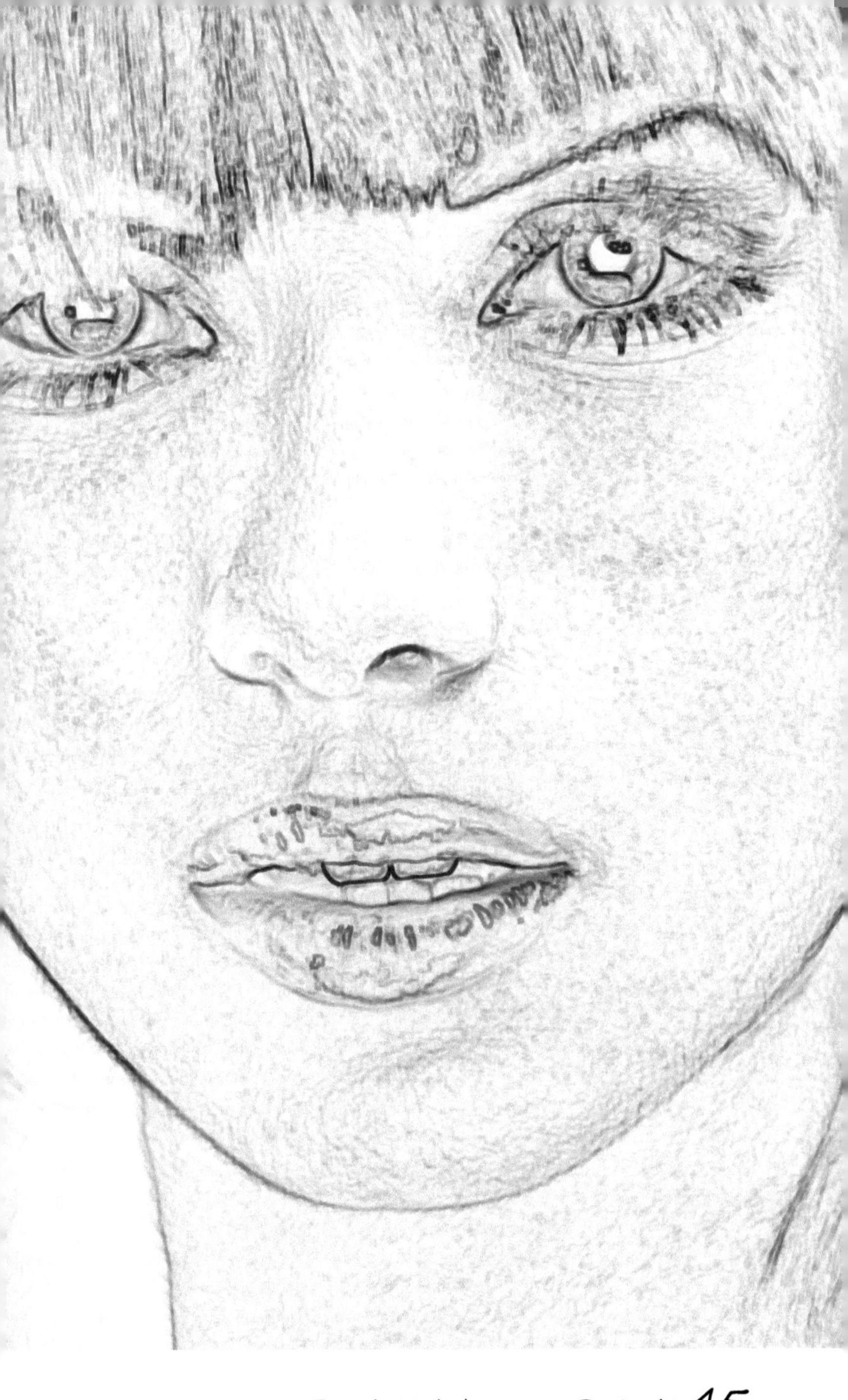

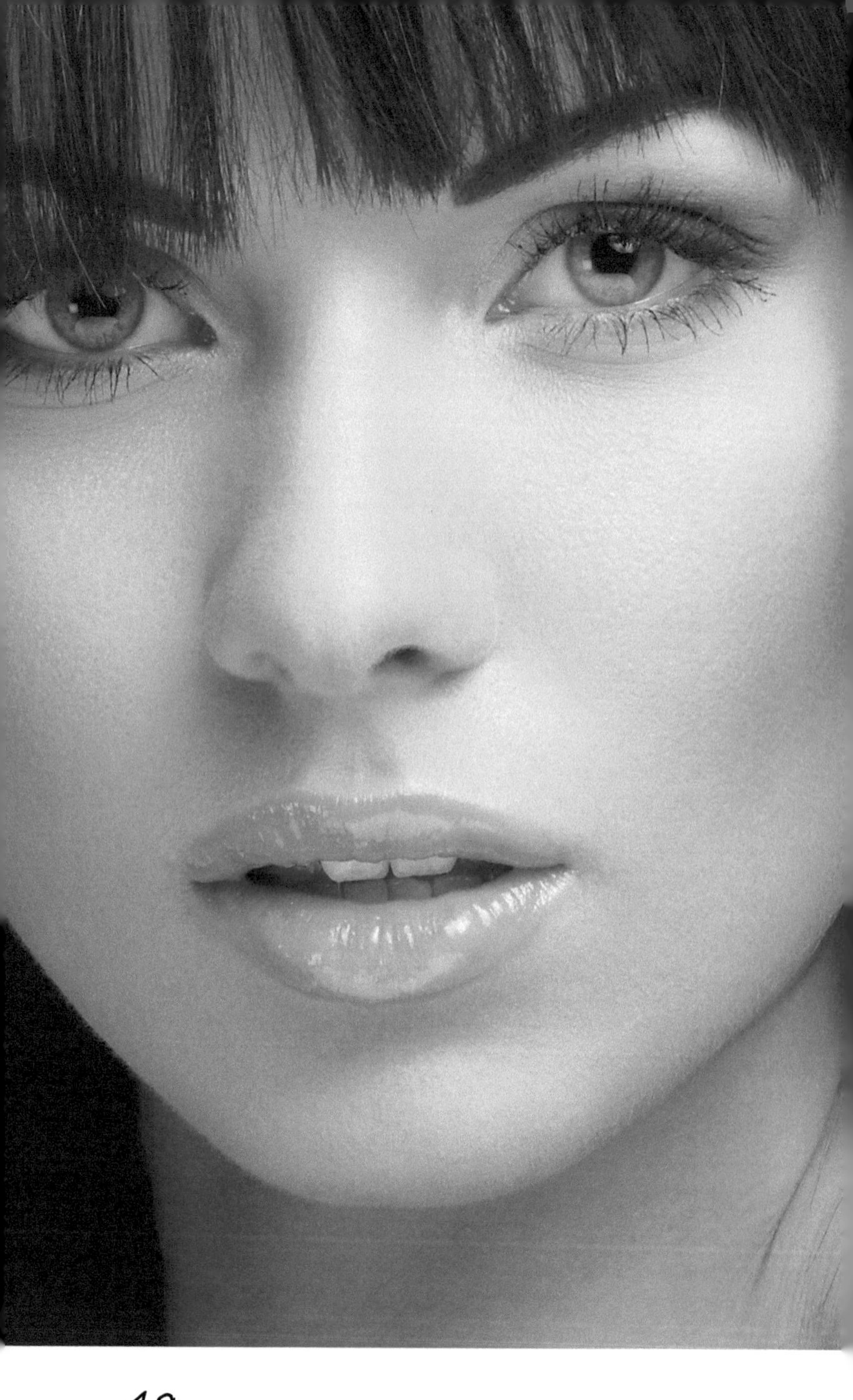

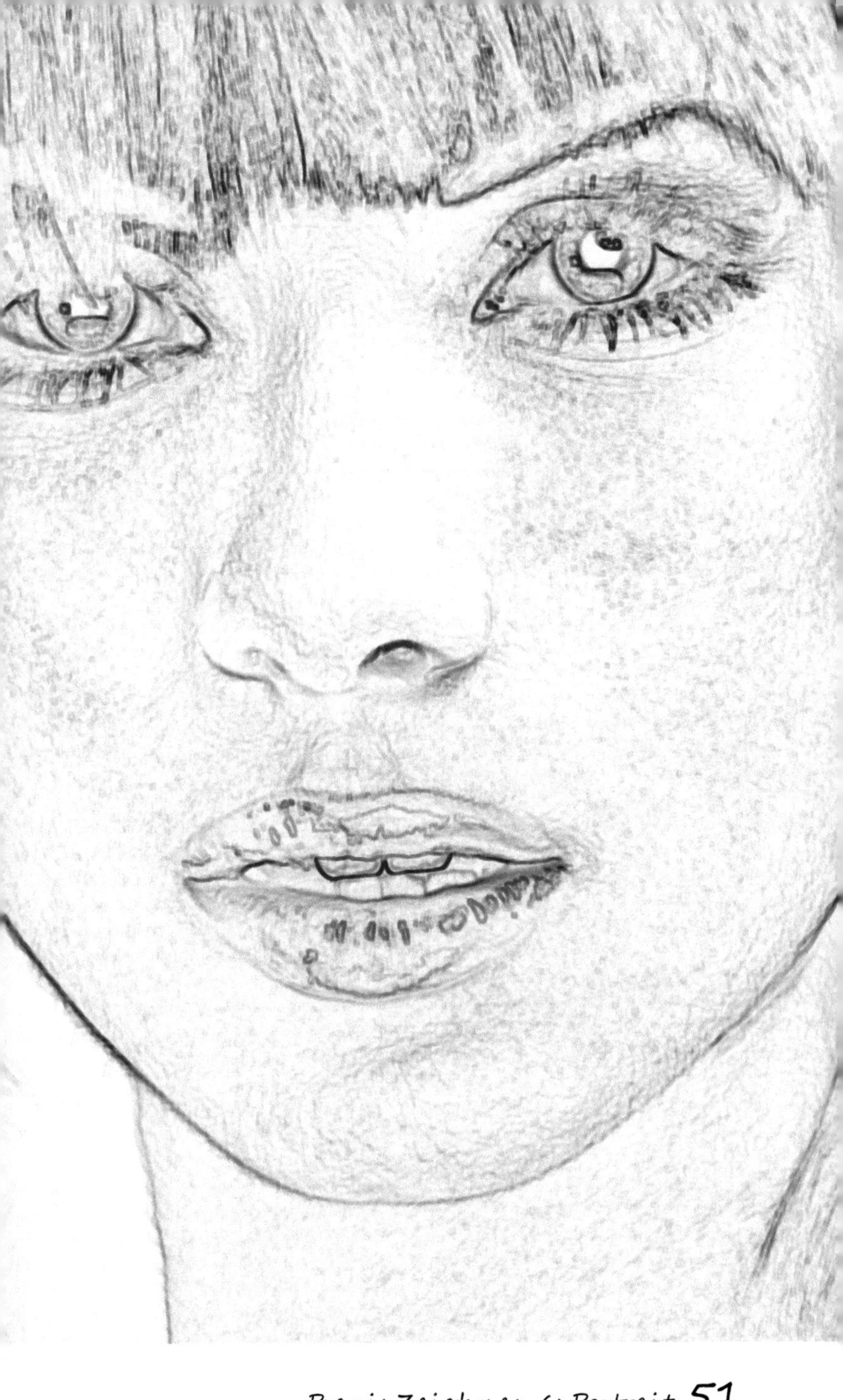

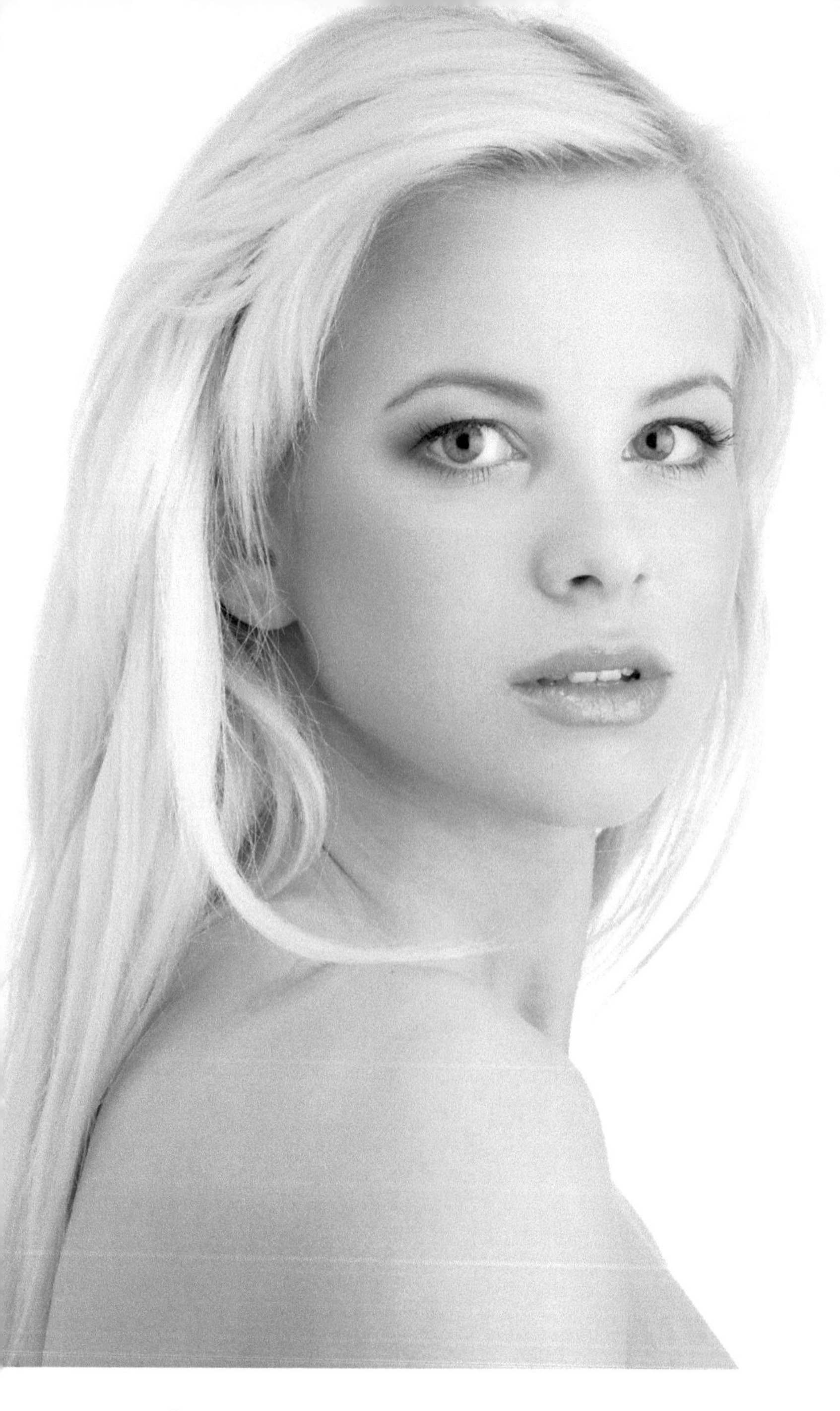

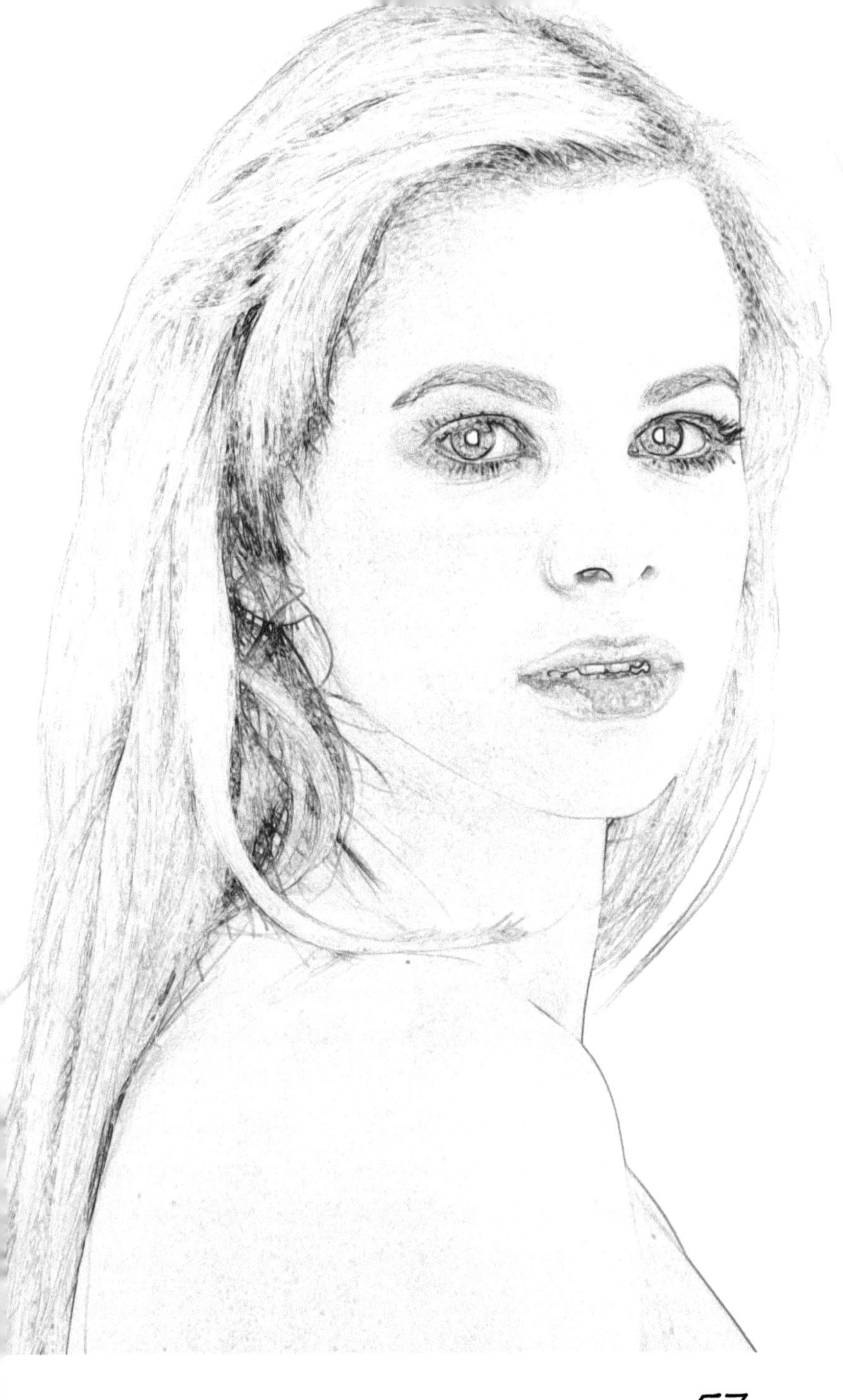

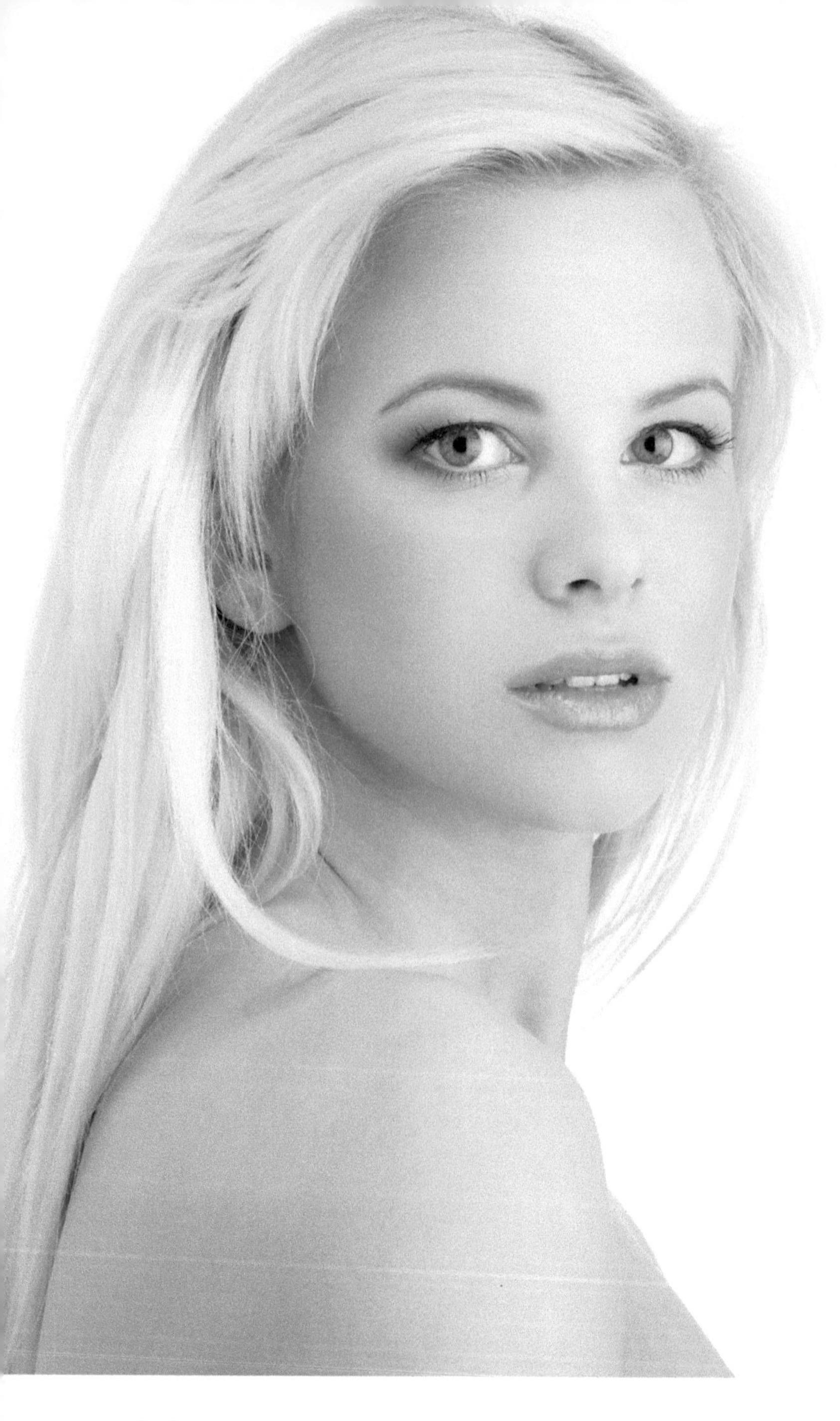

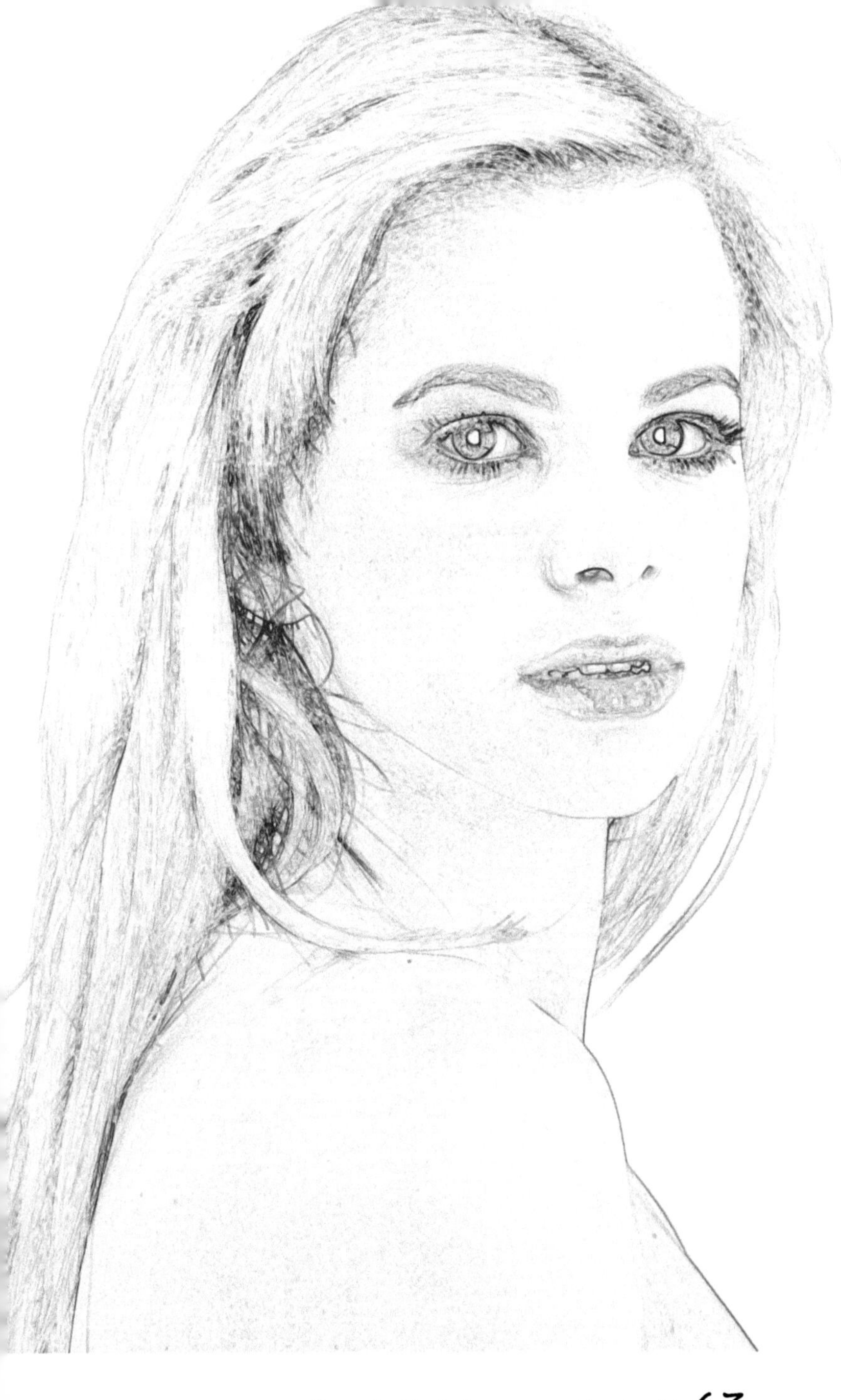

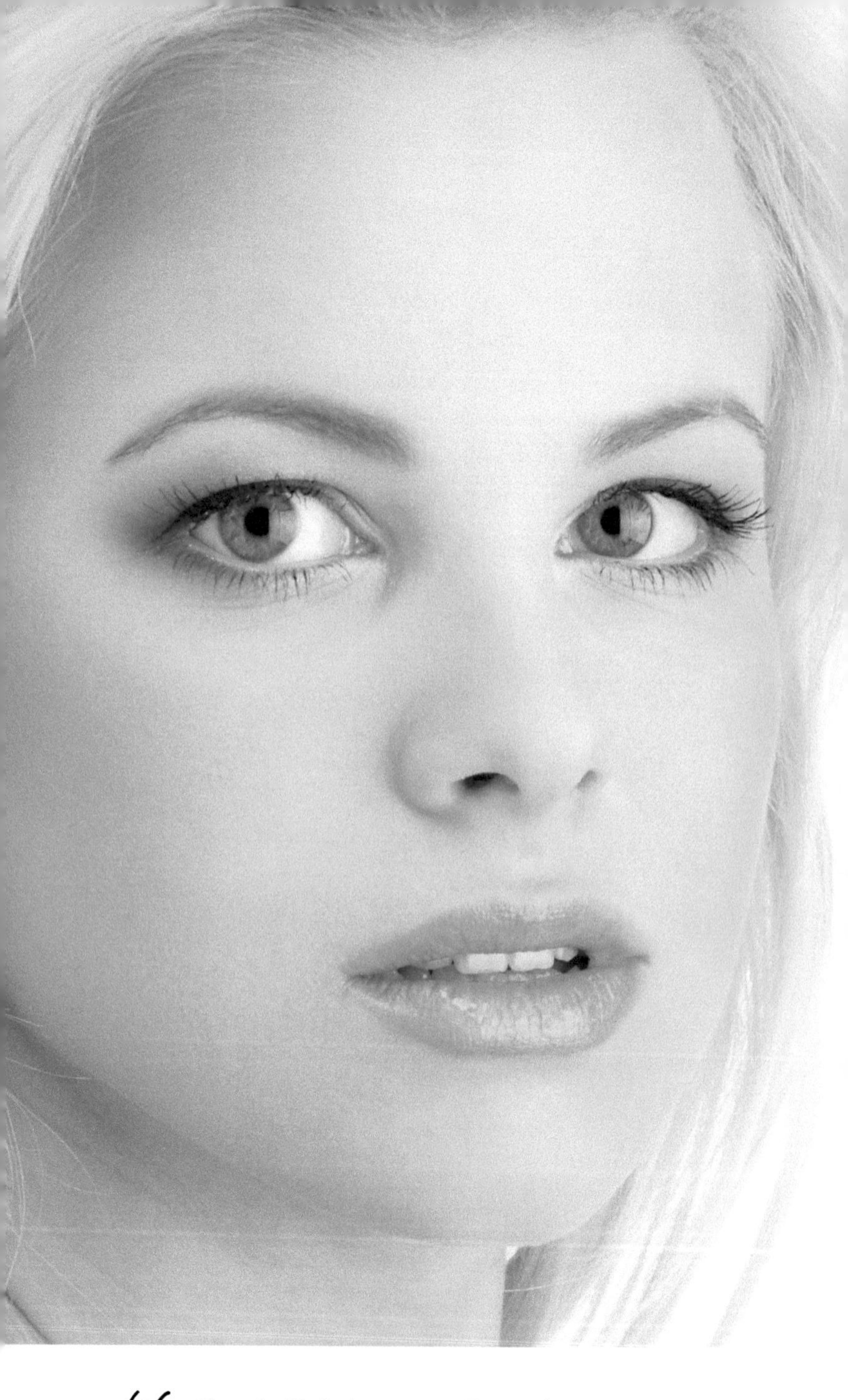

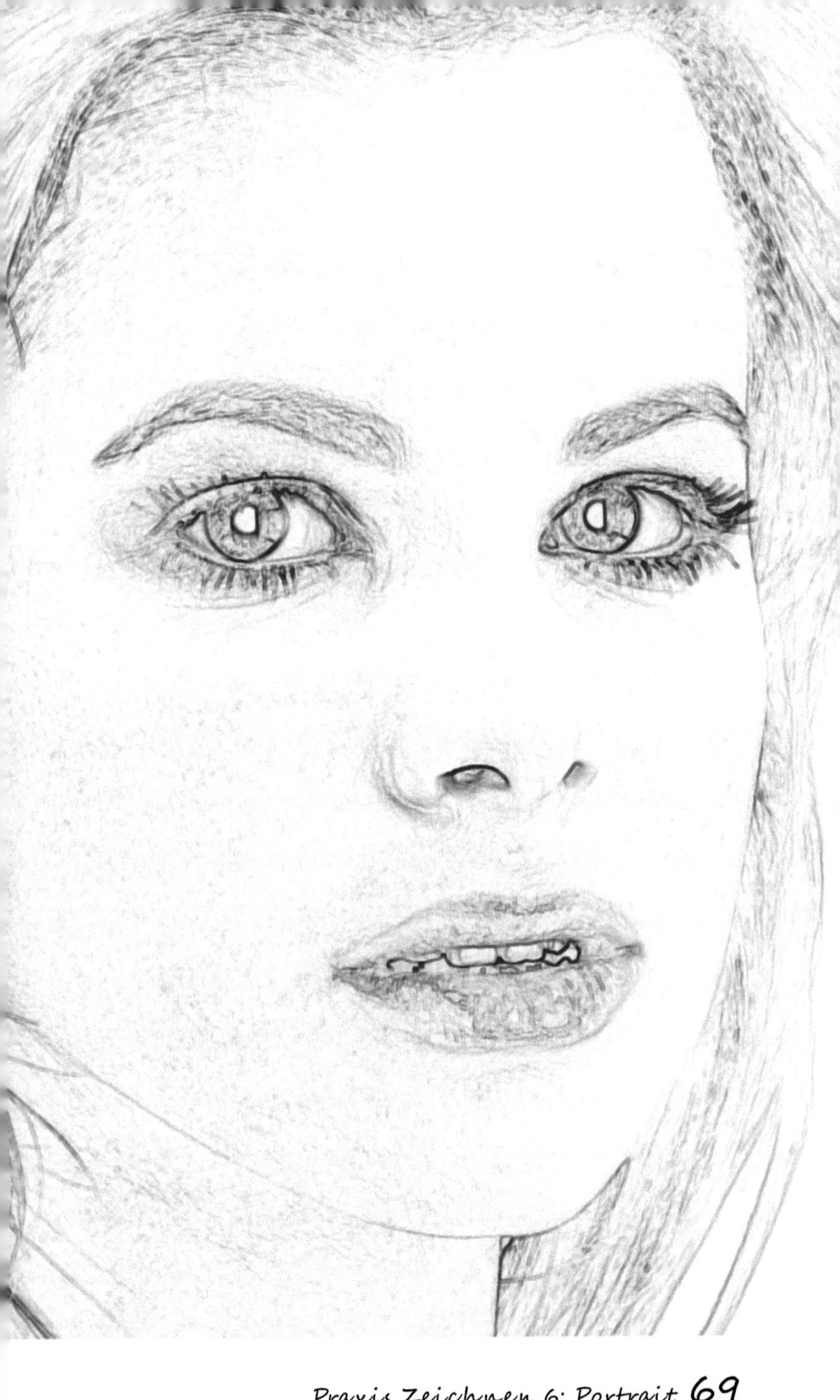

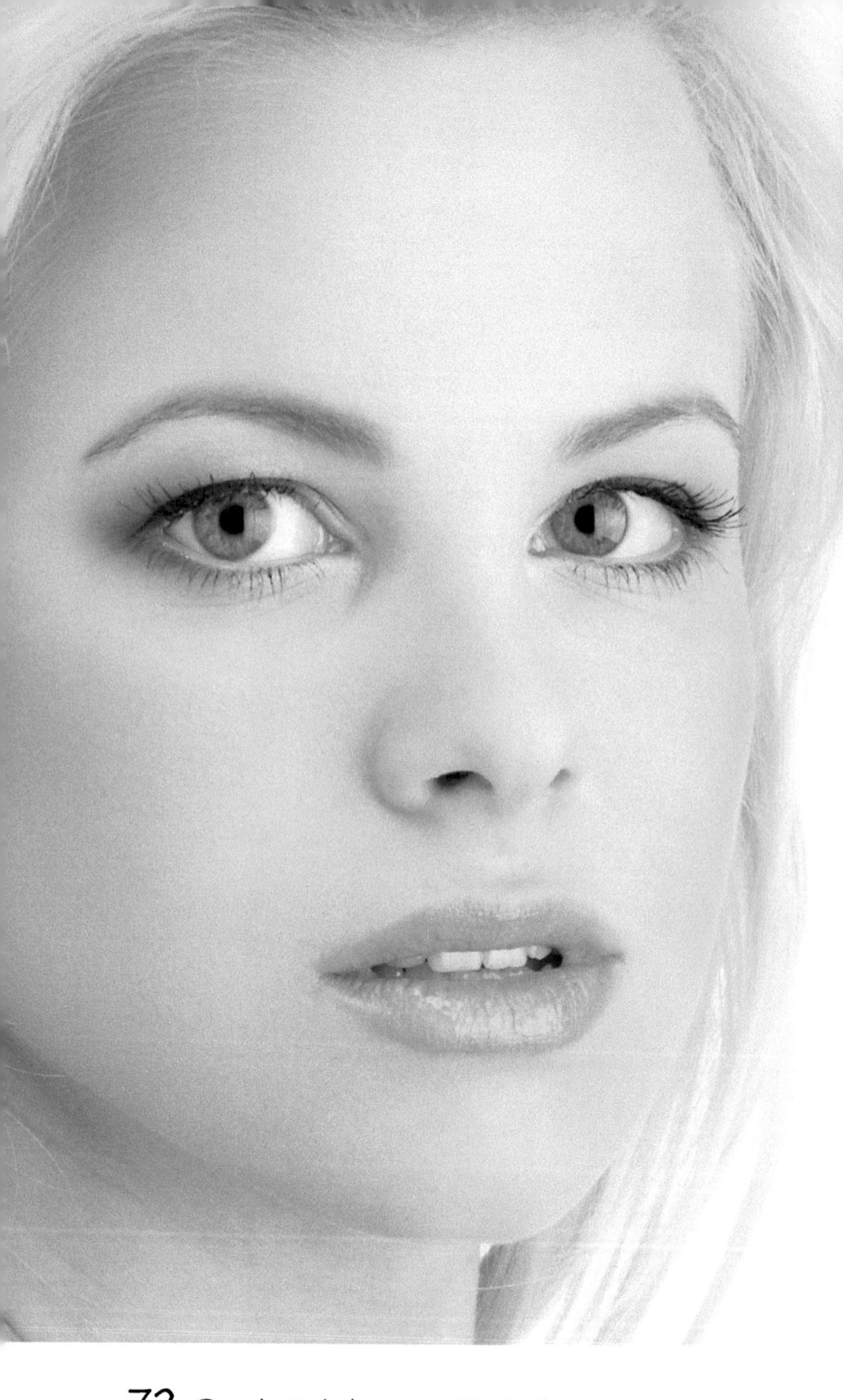

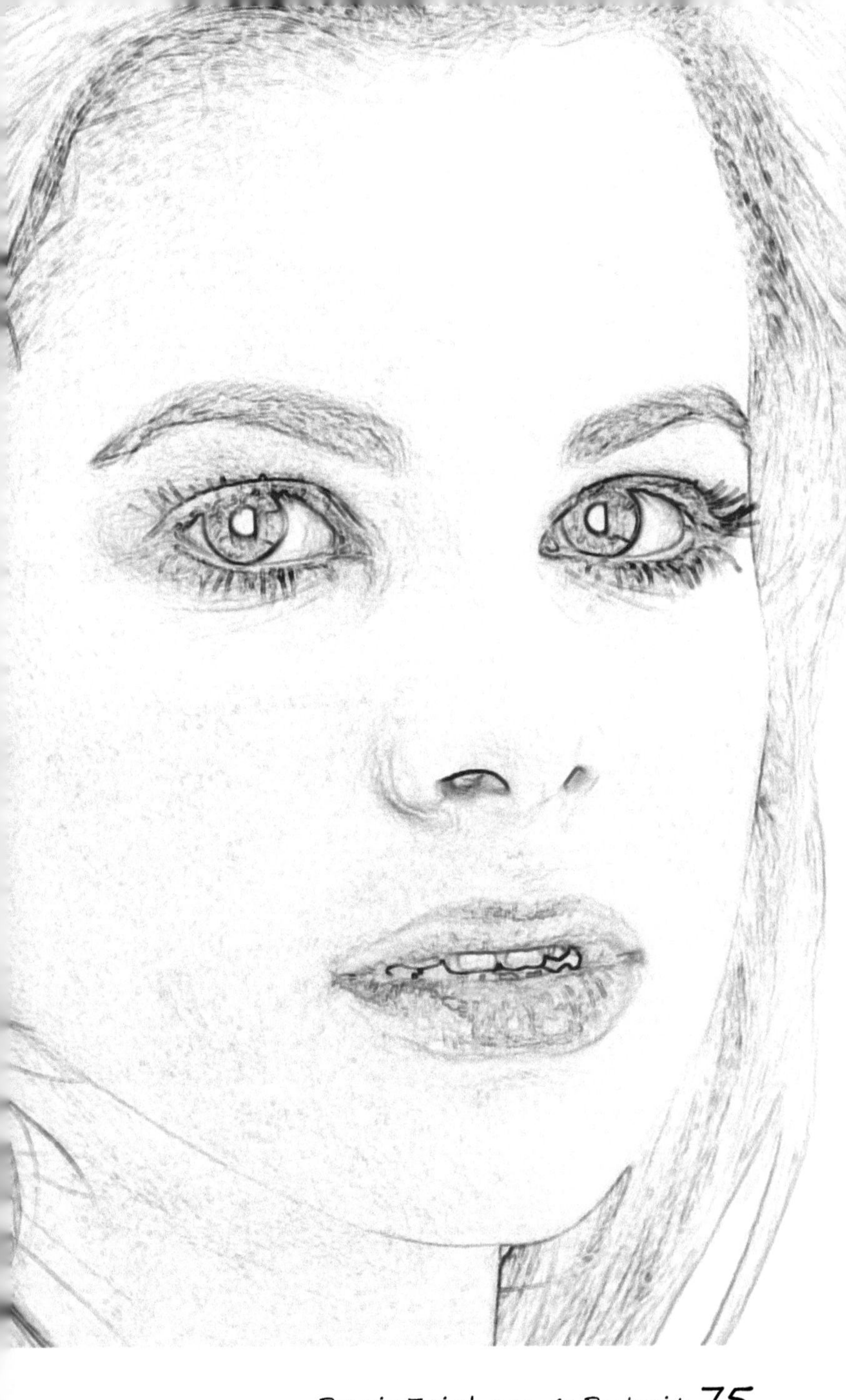

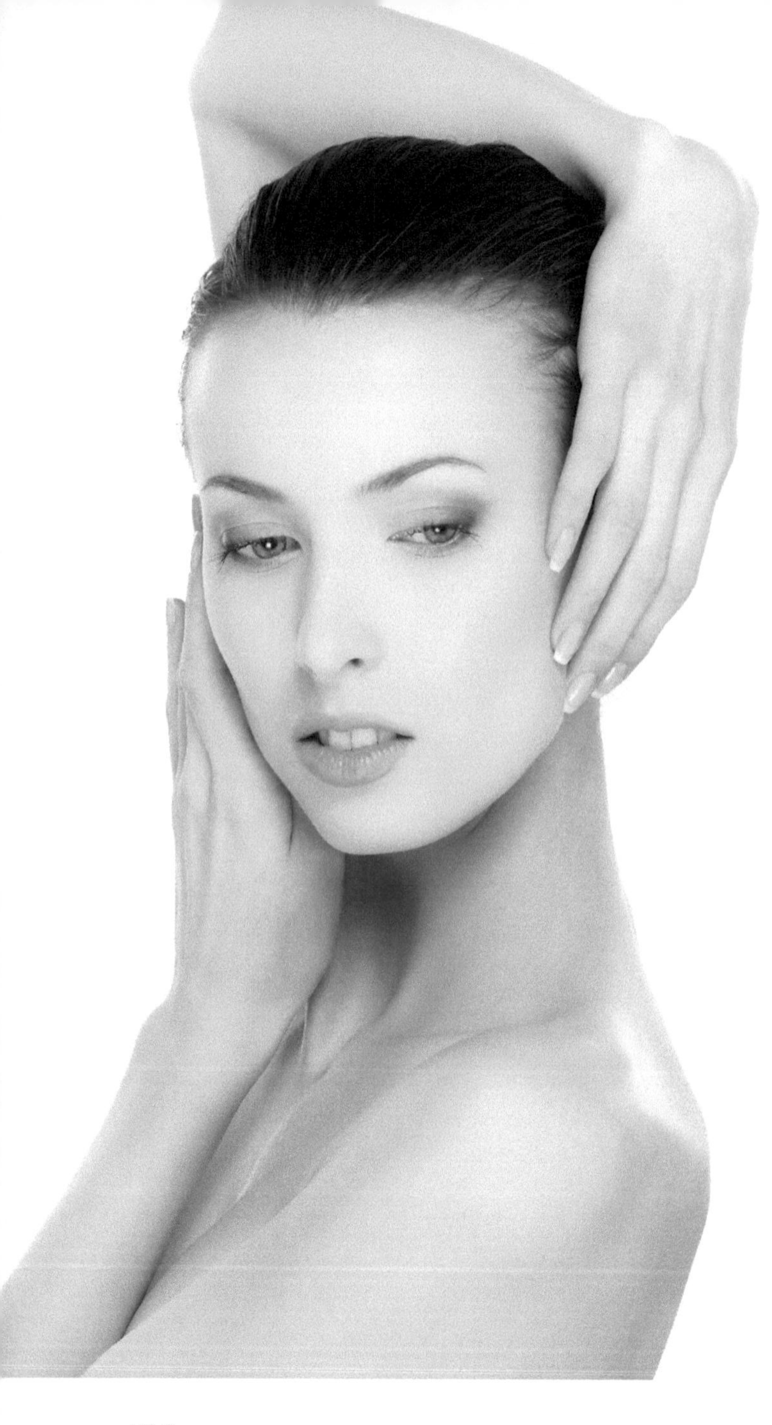

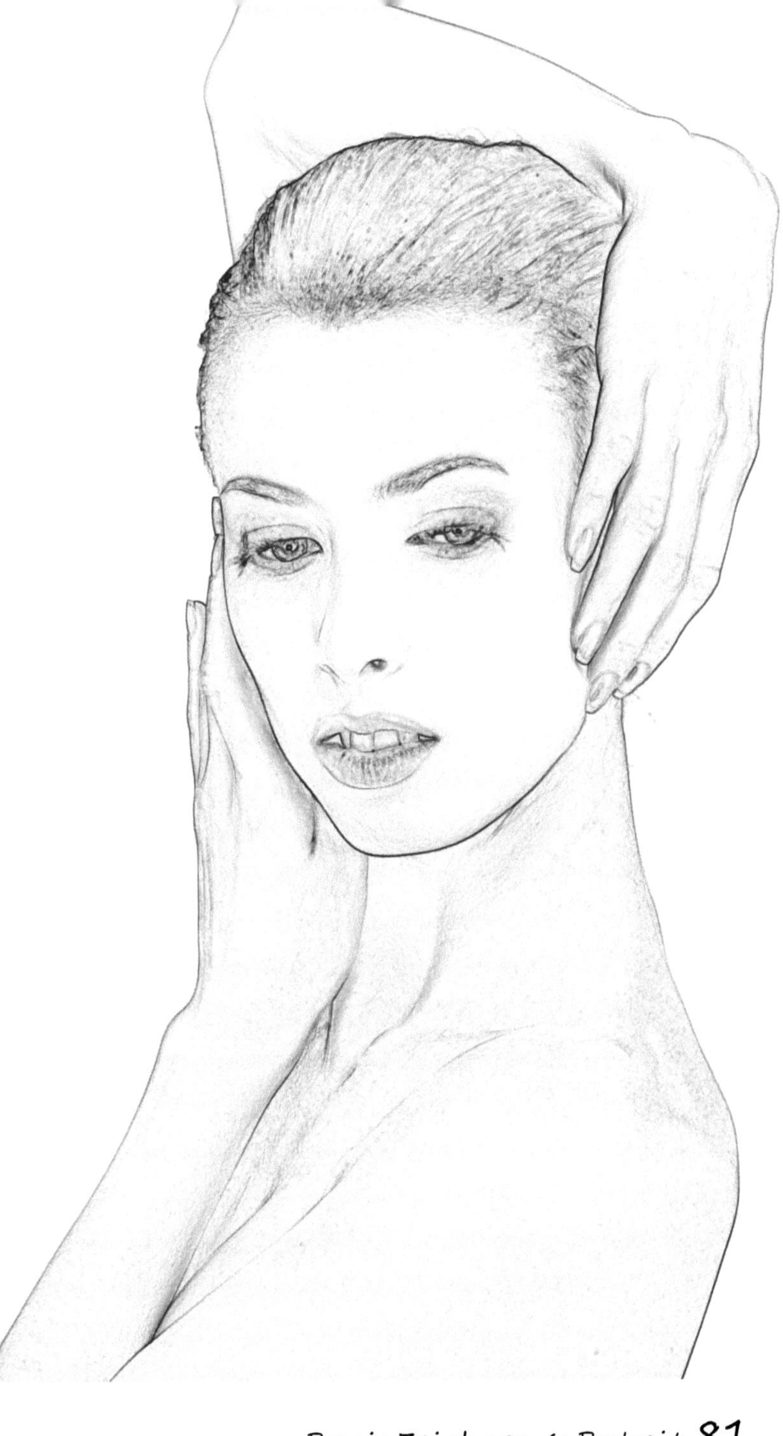

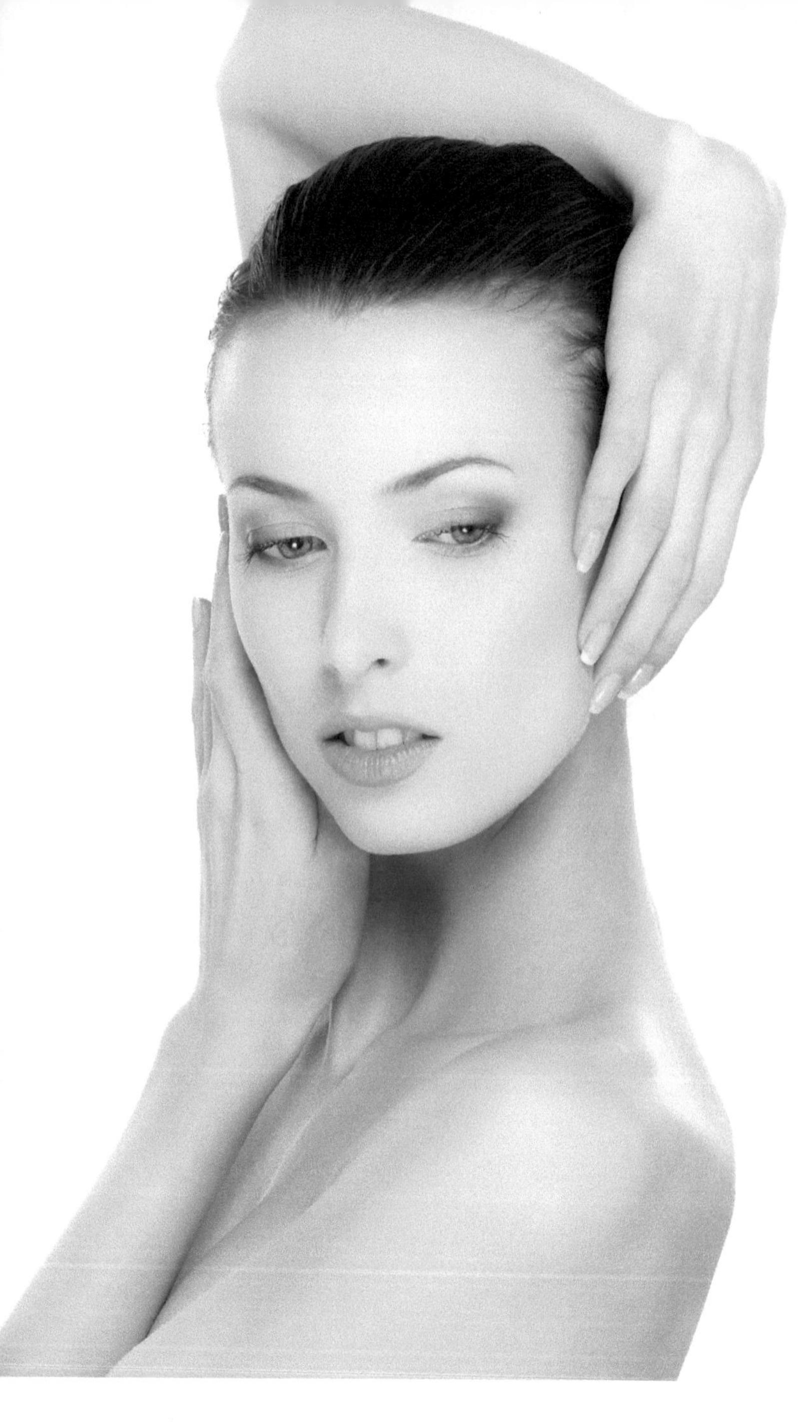

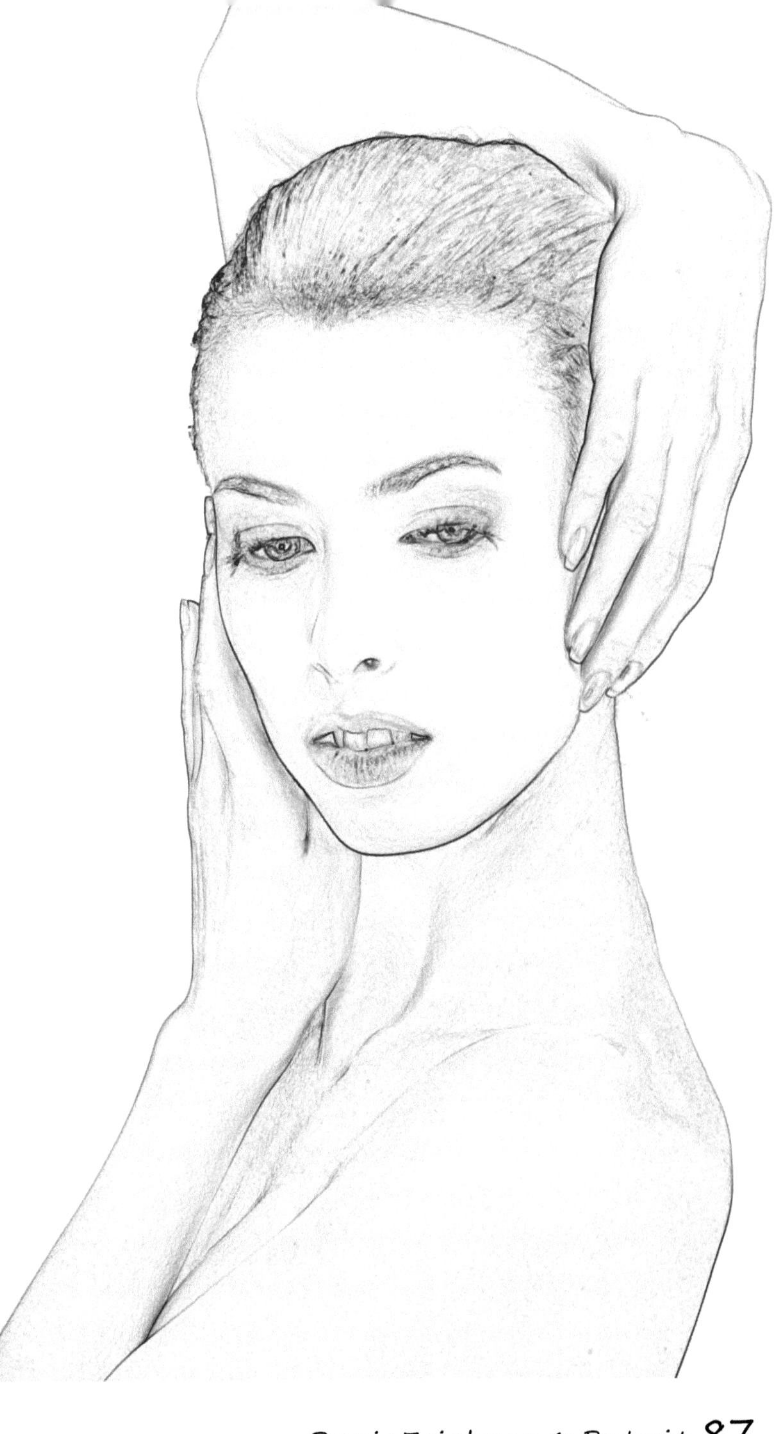

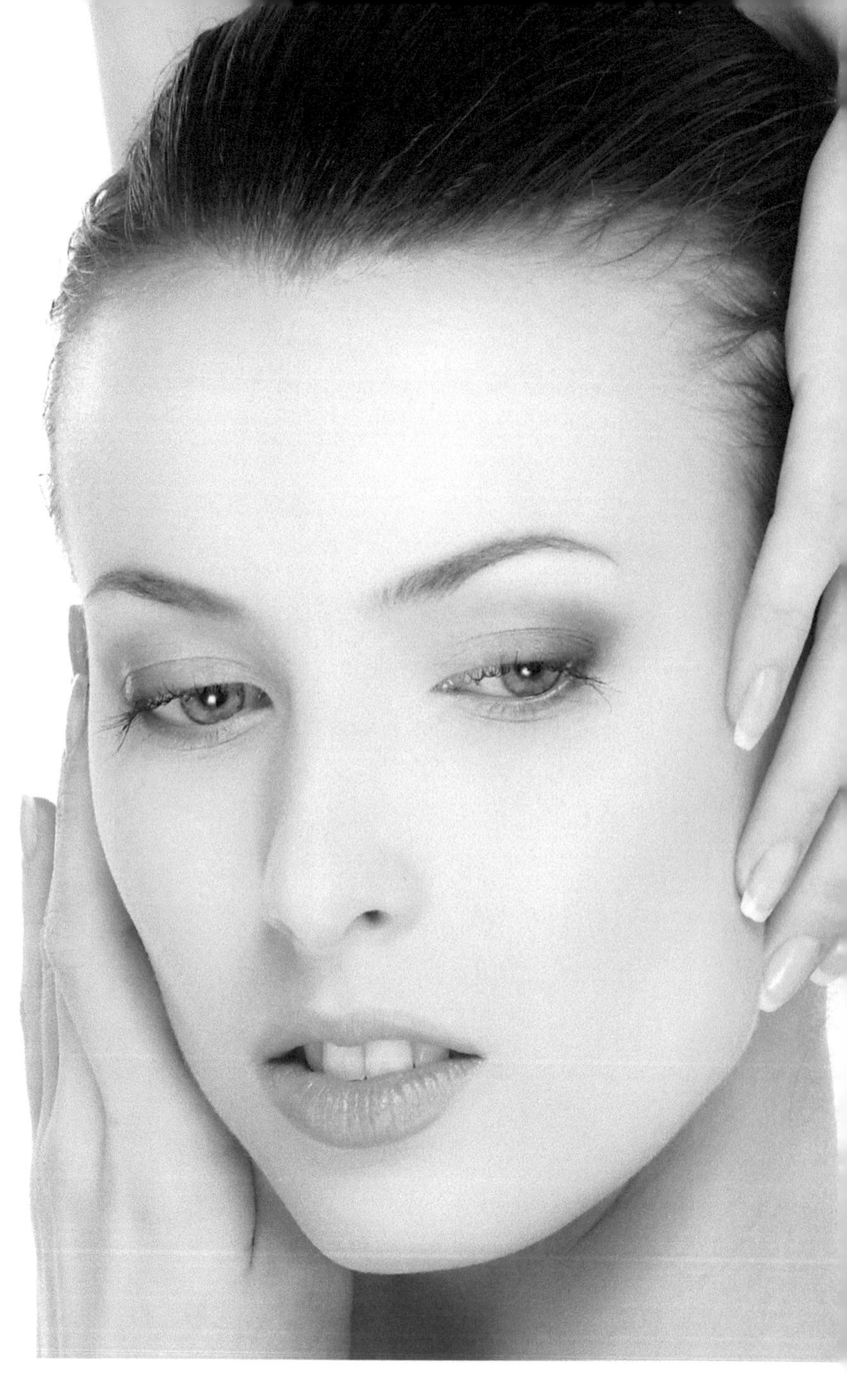

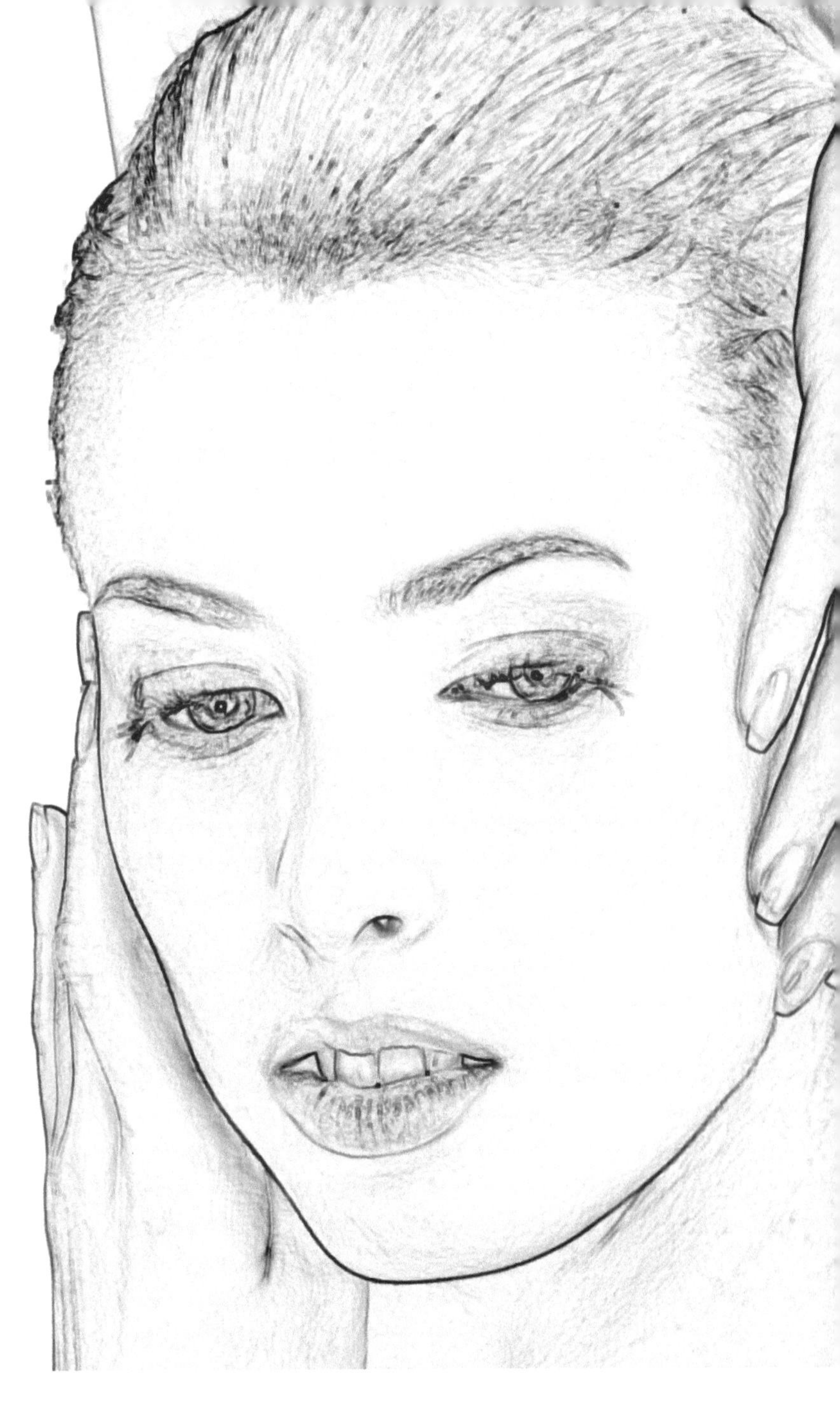

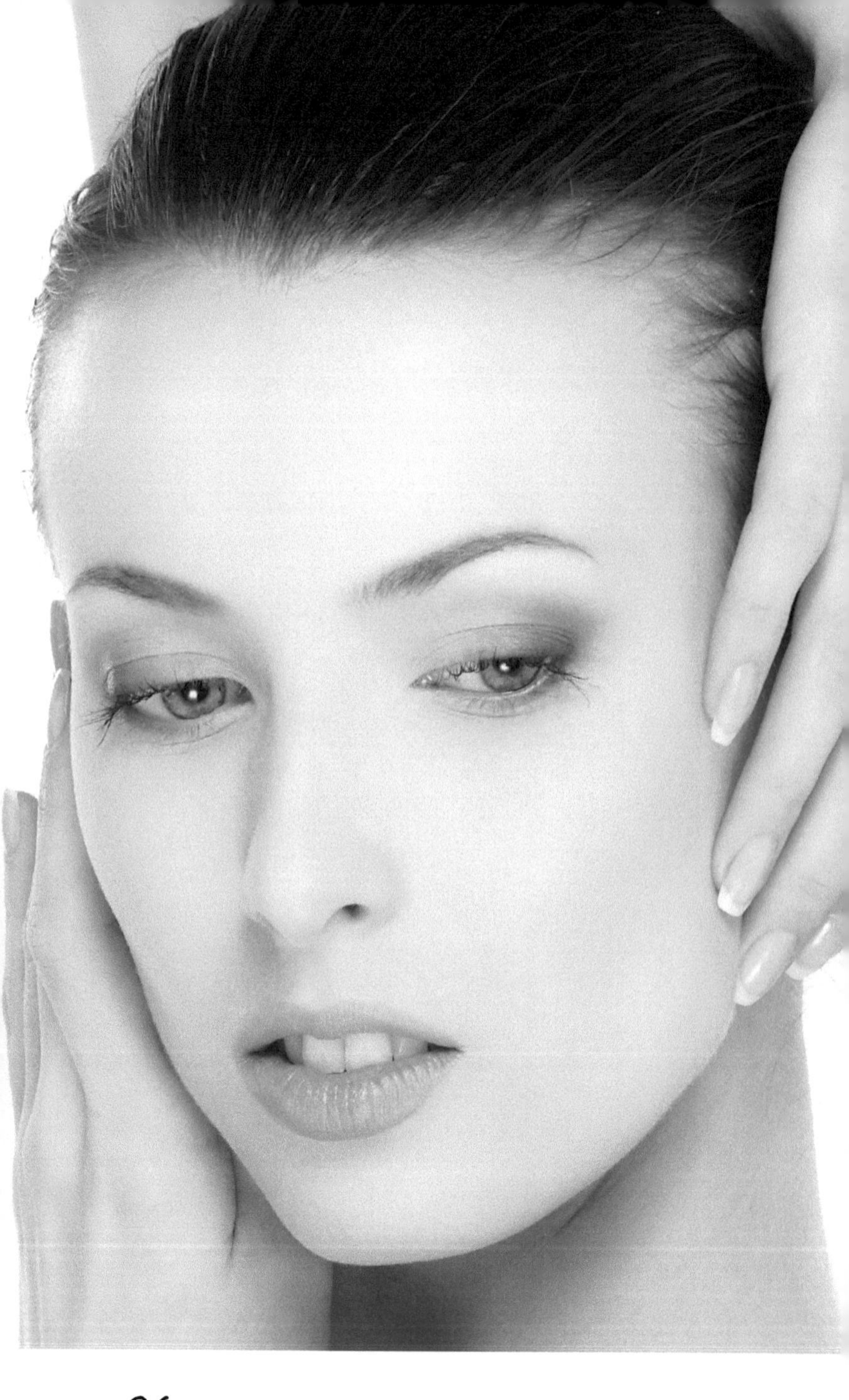

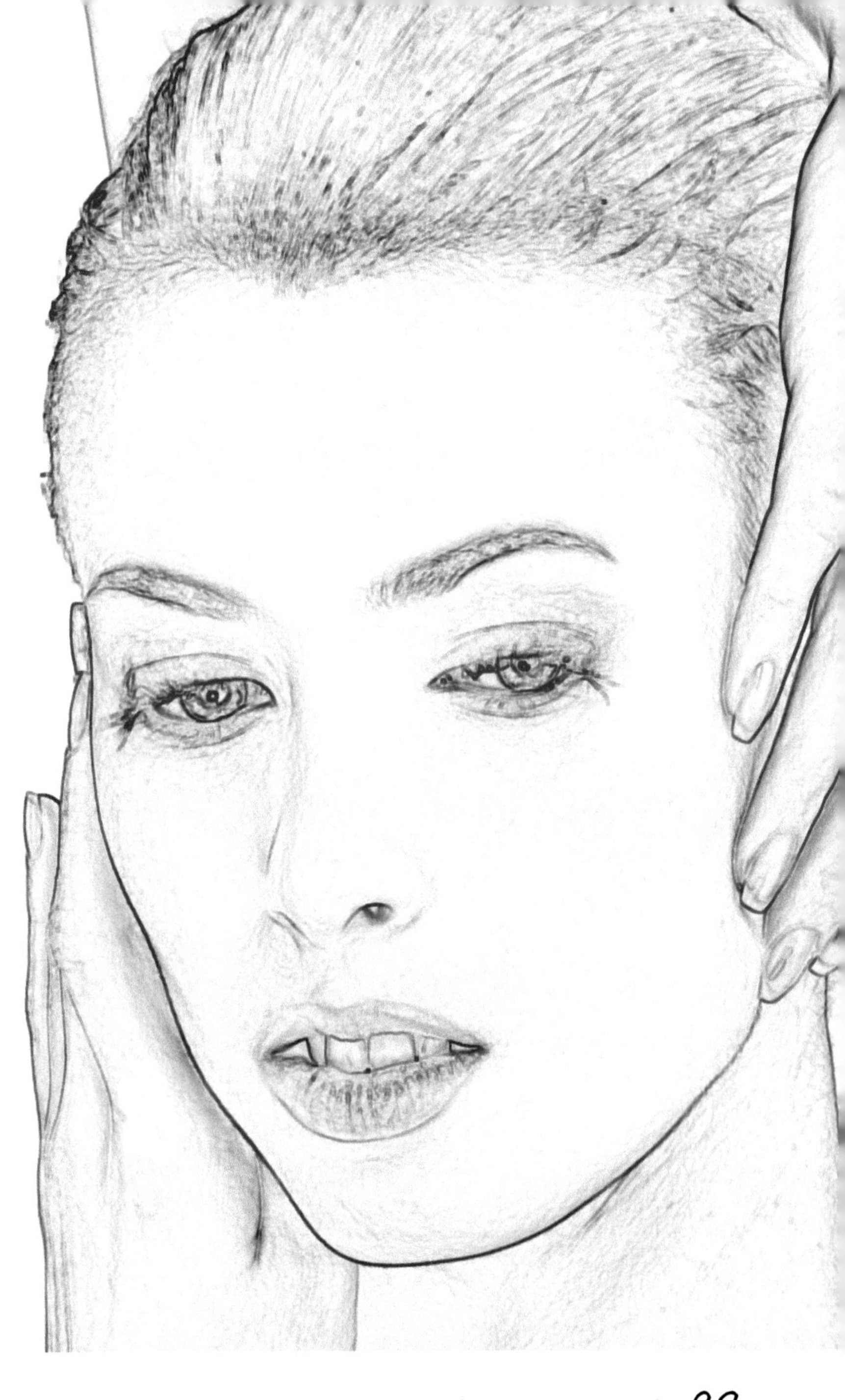

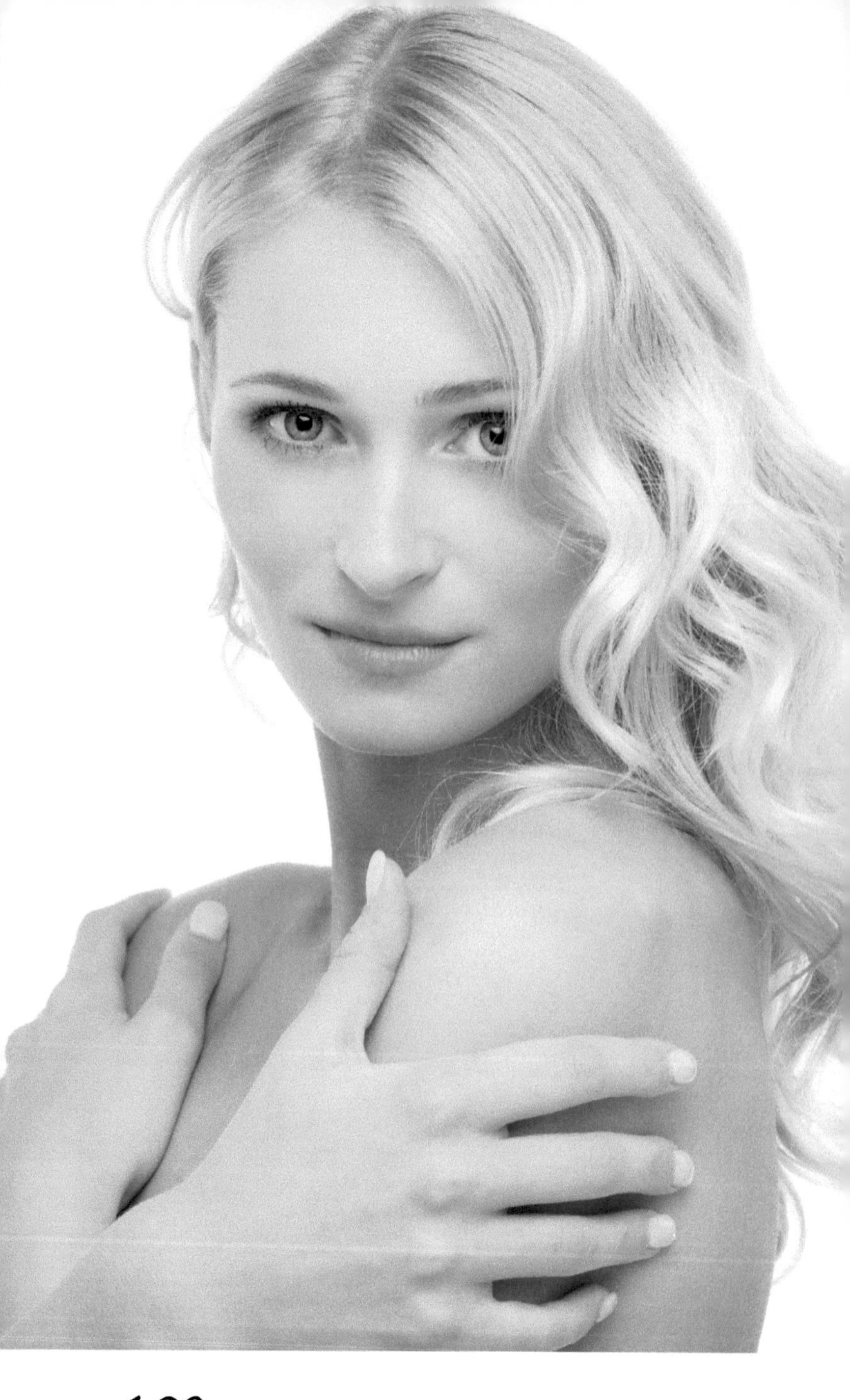

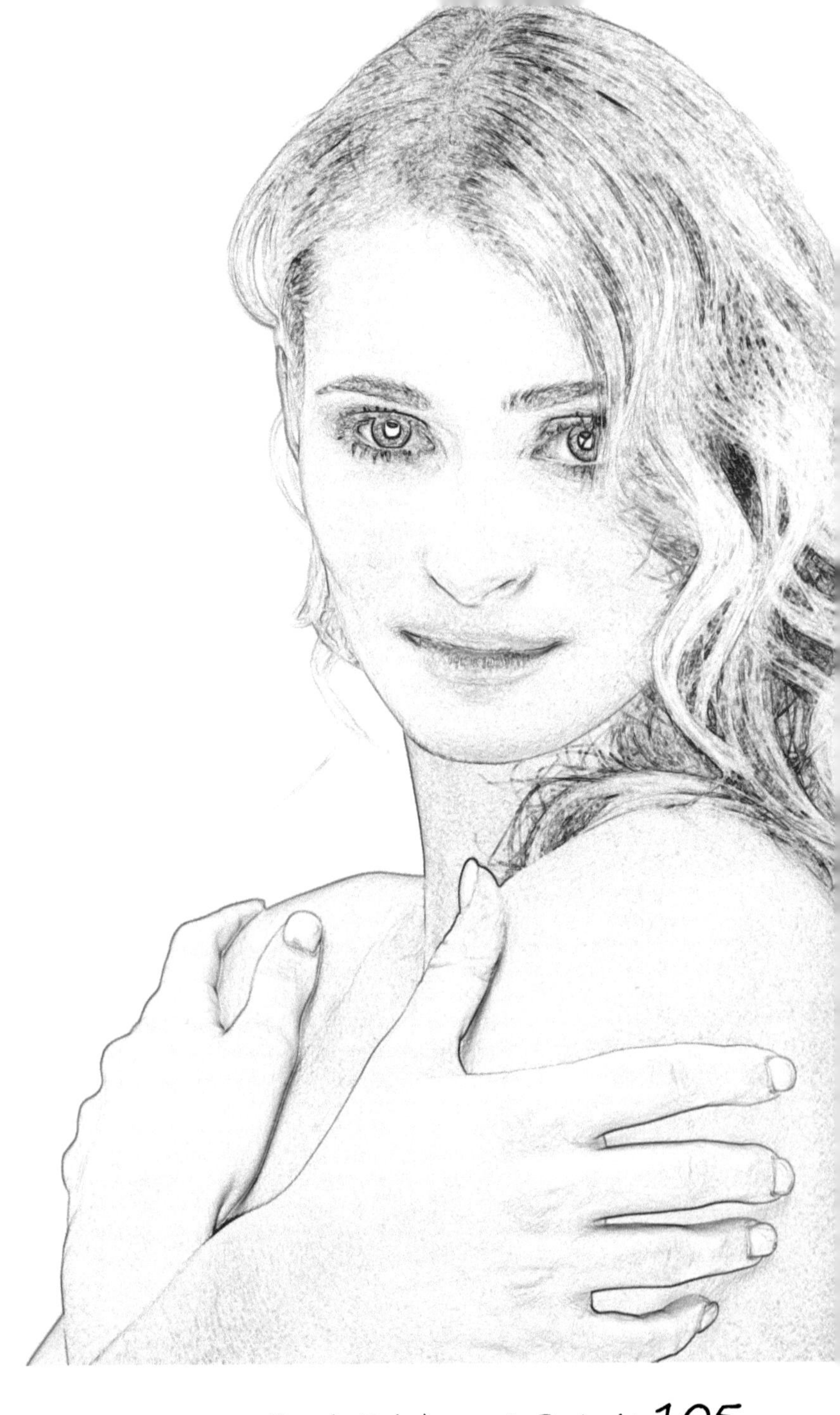

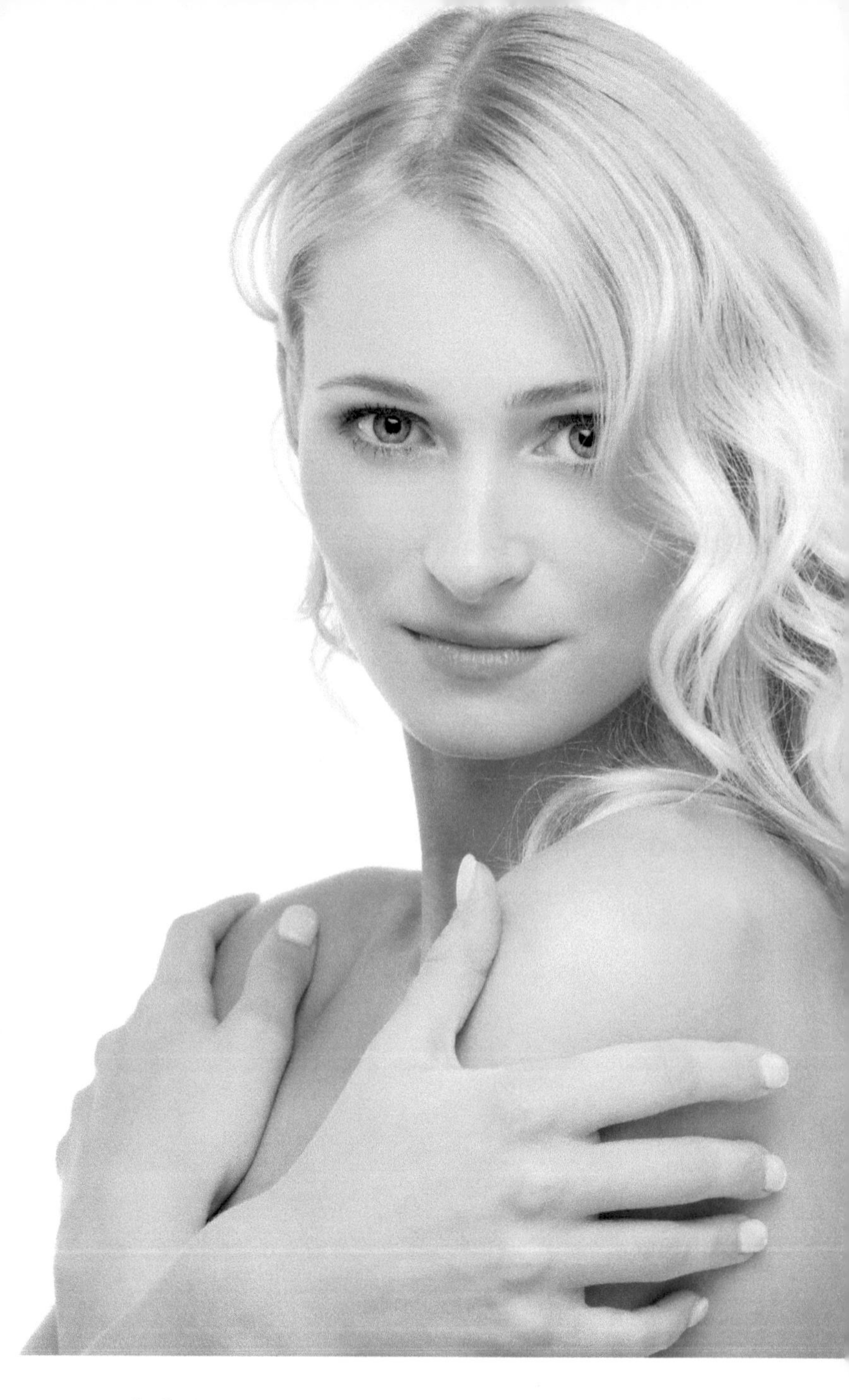

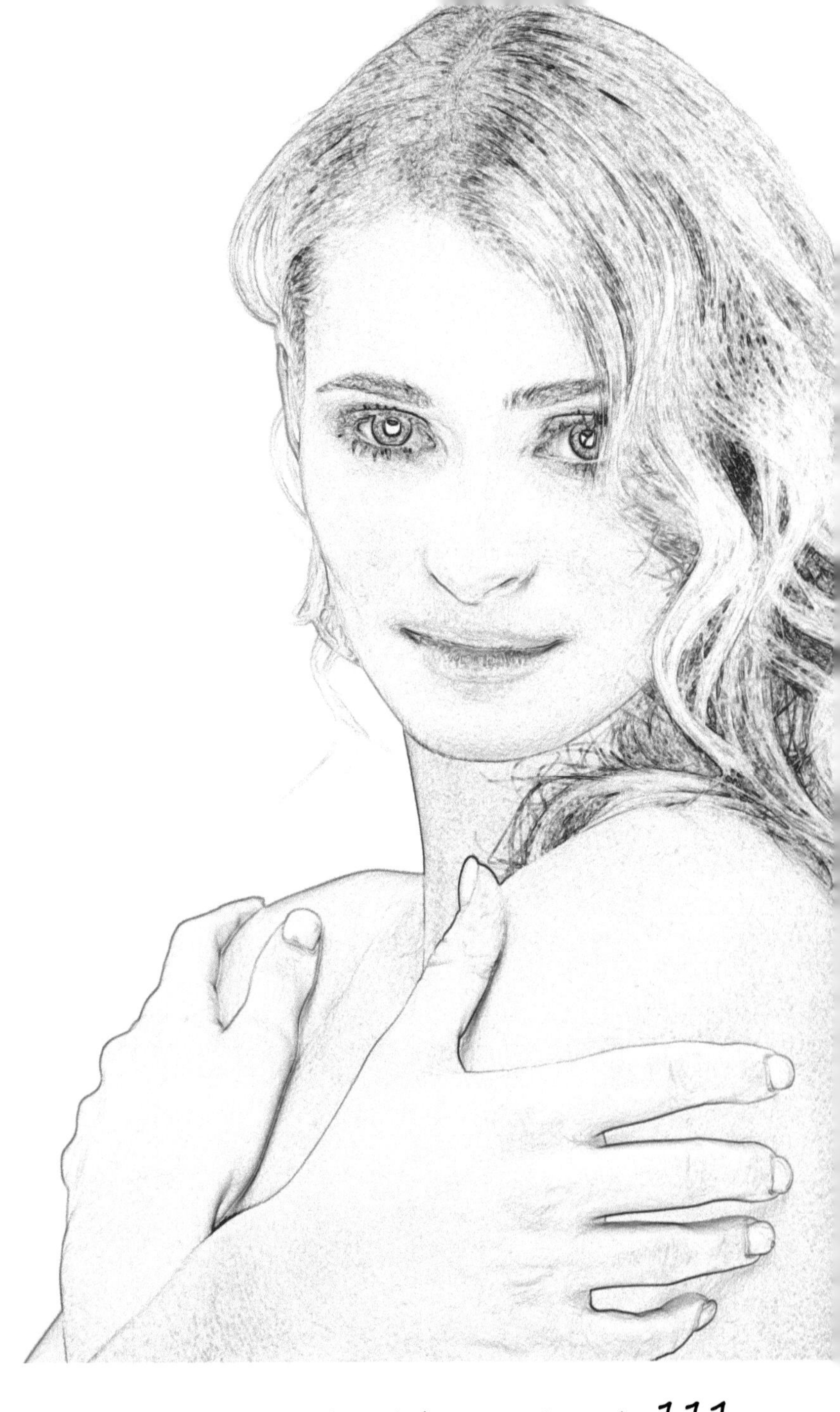

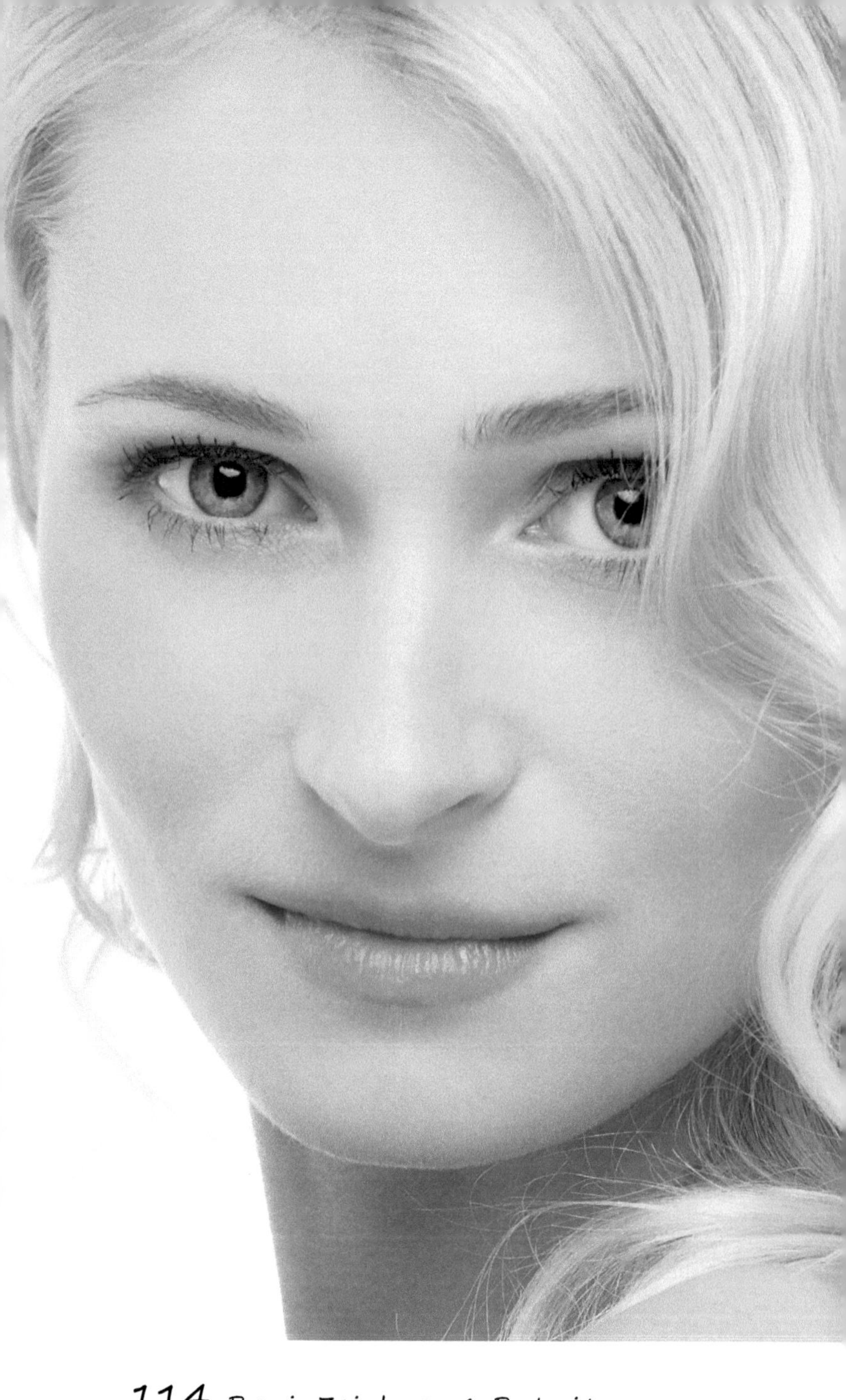

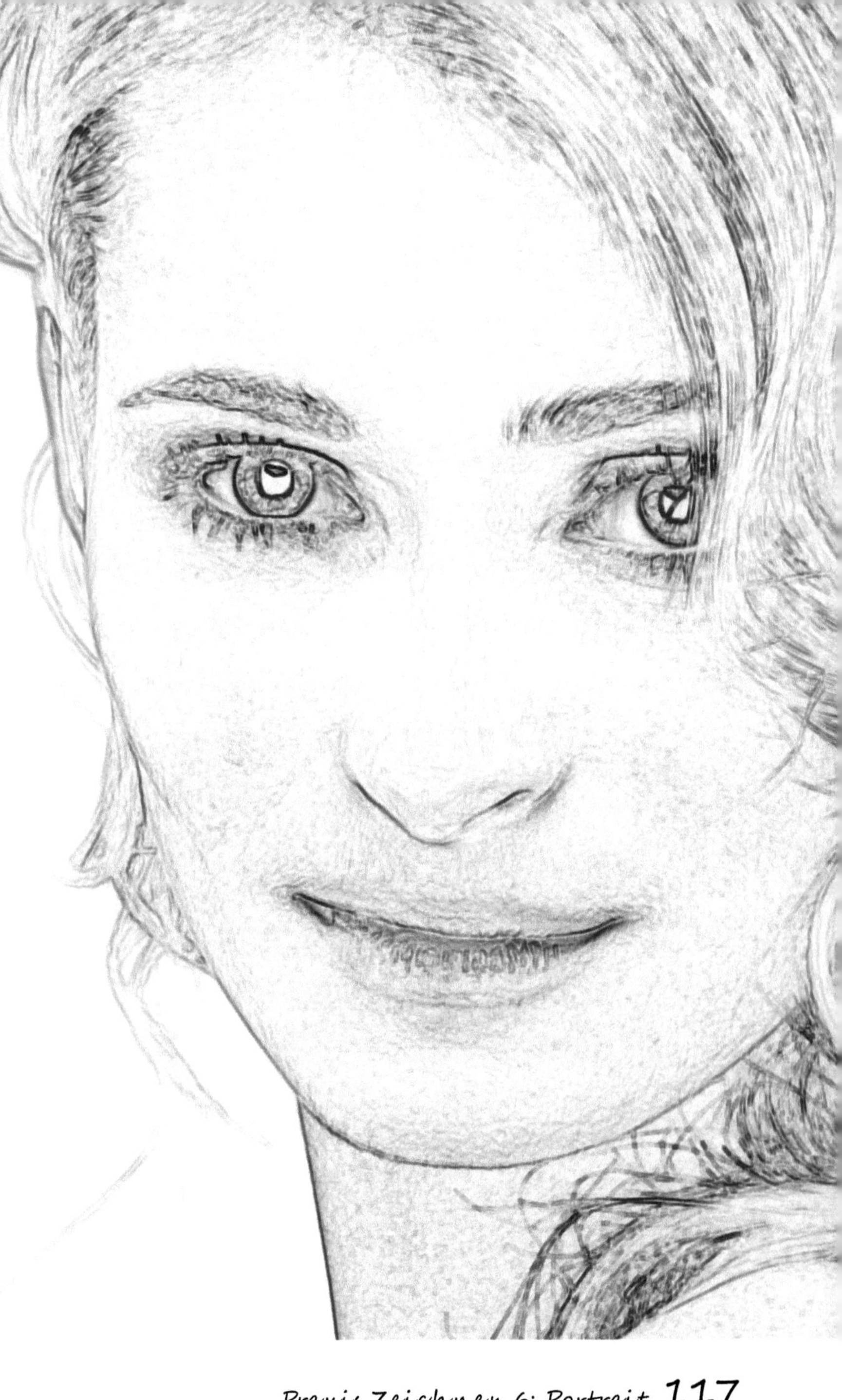

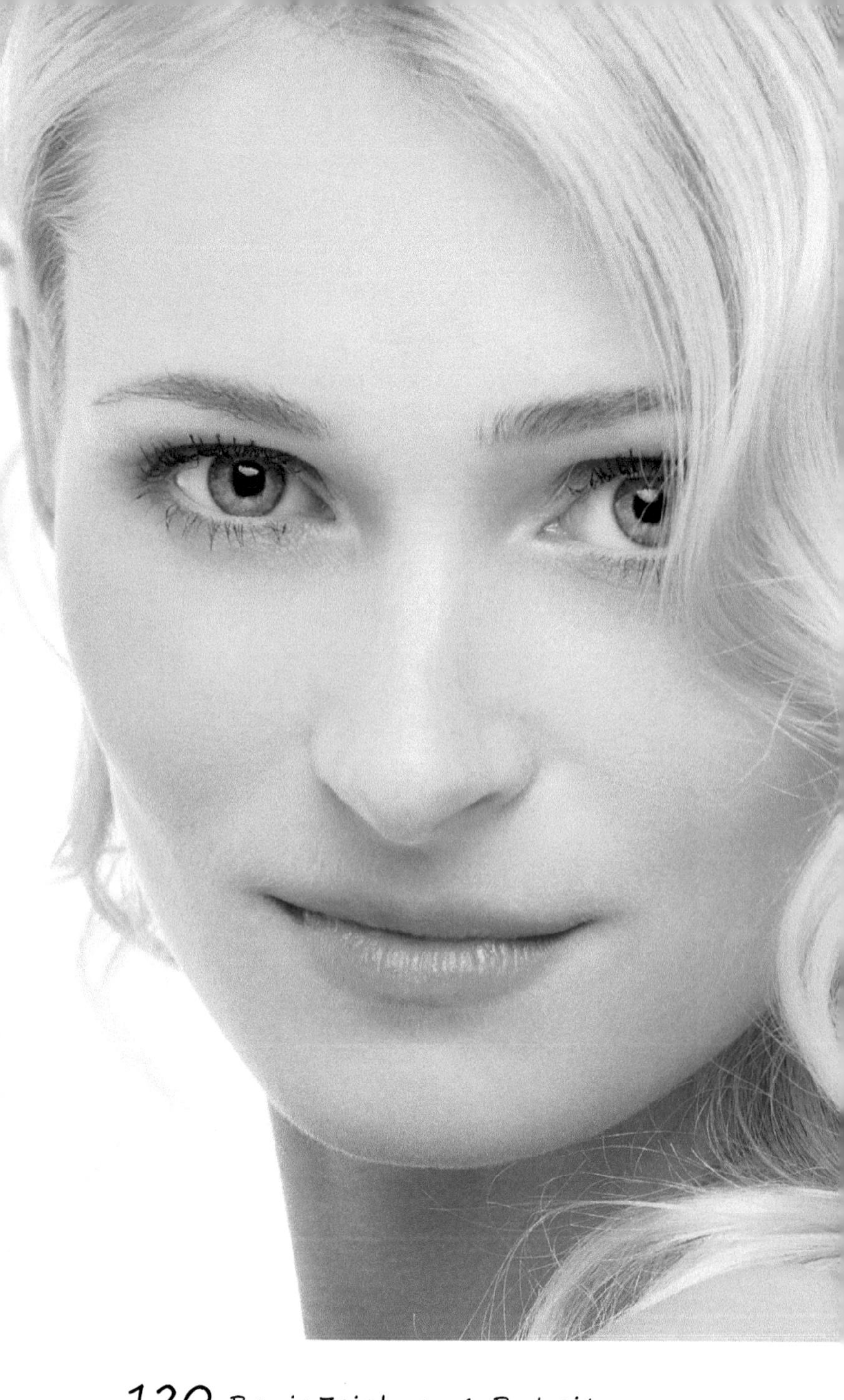

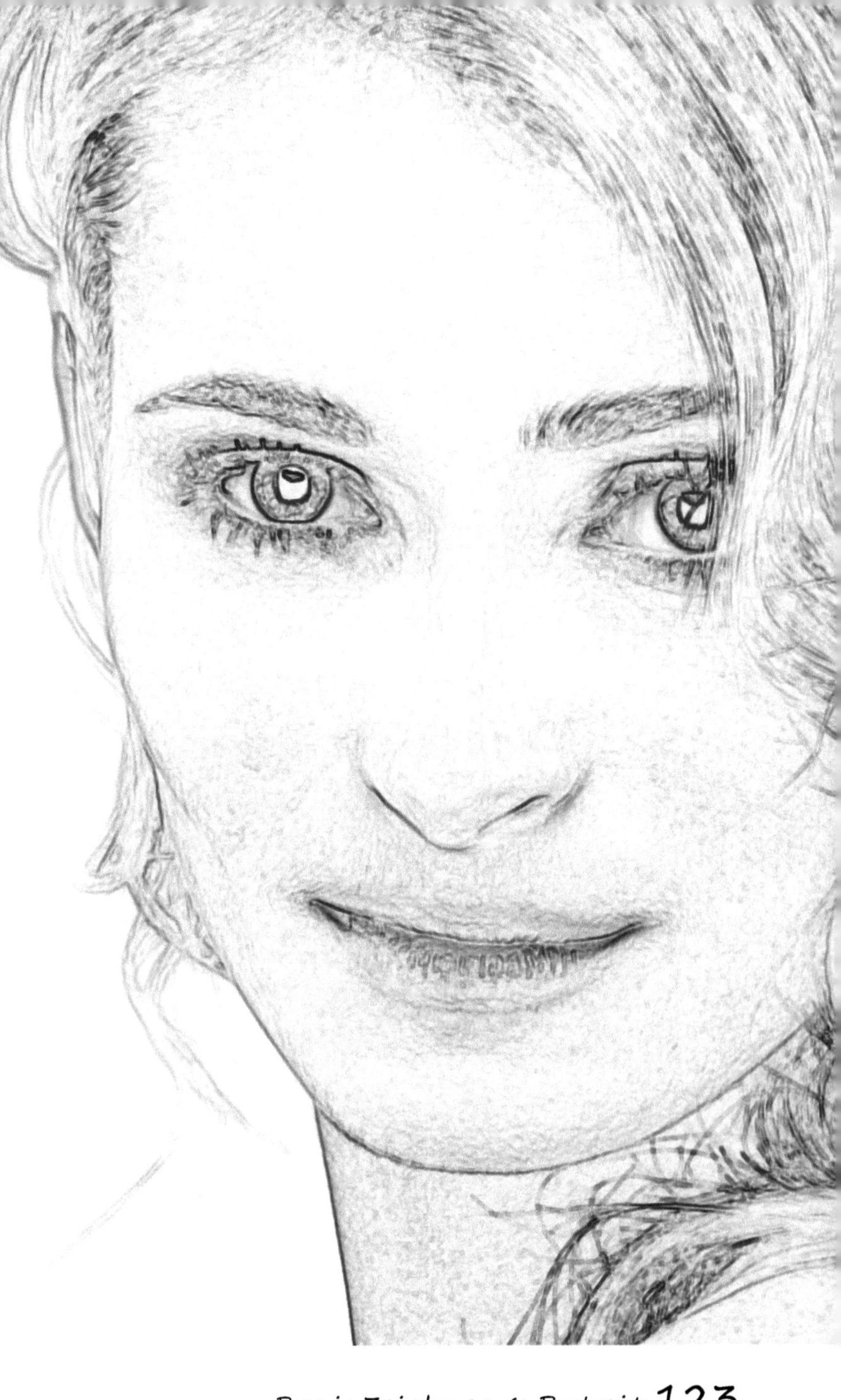

praxis-zeichnen.de

York P. Herpers
Praxis Zeichnen
Übungsbuch 12:
Strand
HERPERS Publishing International

York P. Herpers
Praxis Zeichnen
Übungsbuch 2:
Dessous

Praxis Zeichnen
Übungsbuch 1:
Ballett
HERPERS Publishing International

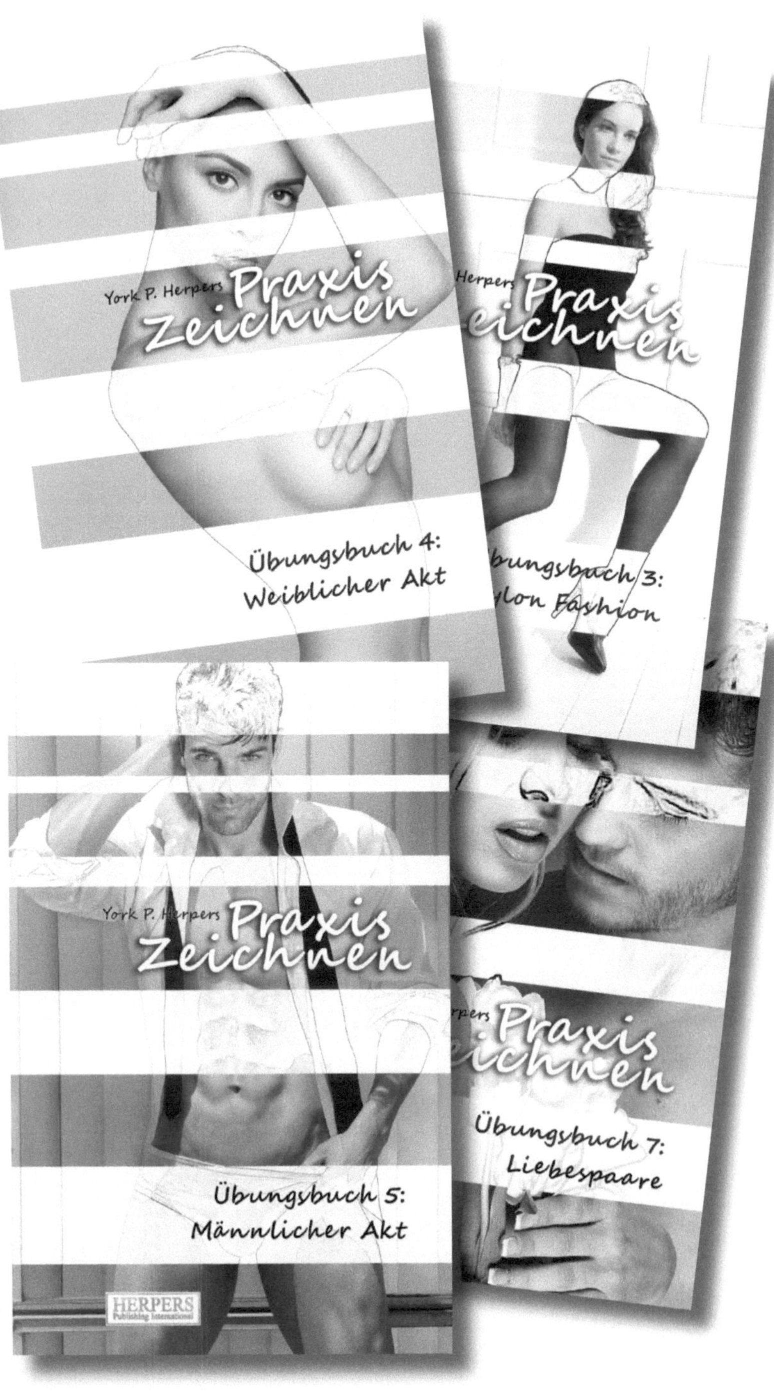
York P. Herpers
Praxis
Zeichnen
Übungsbuch 4:
Weiblicher Akt
Herpers
Praxis
eichnen
bungsbuch 3:
ylon Fashion
York P. Herpers
Praxis
Zeichnen
Übungsbuch 5:
Männlicher Akt
HERPERS
Publishing International
rpers
Praxis
eichnen
Übungsbuch 7:
Liebespaare

© Copyright 2016 Herpers Publishing International
www.herperspublishing.com
Produced by York P. Herpers.

Picture Copyrights:
Cover & pages 6,12,18,24,30,36,42,48,54,60,66,72,78,84,90,96,
102,108,114,120: Maksim Toome / shutterstock.com